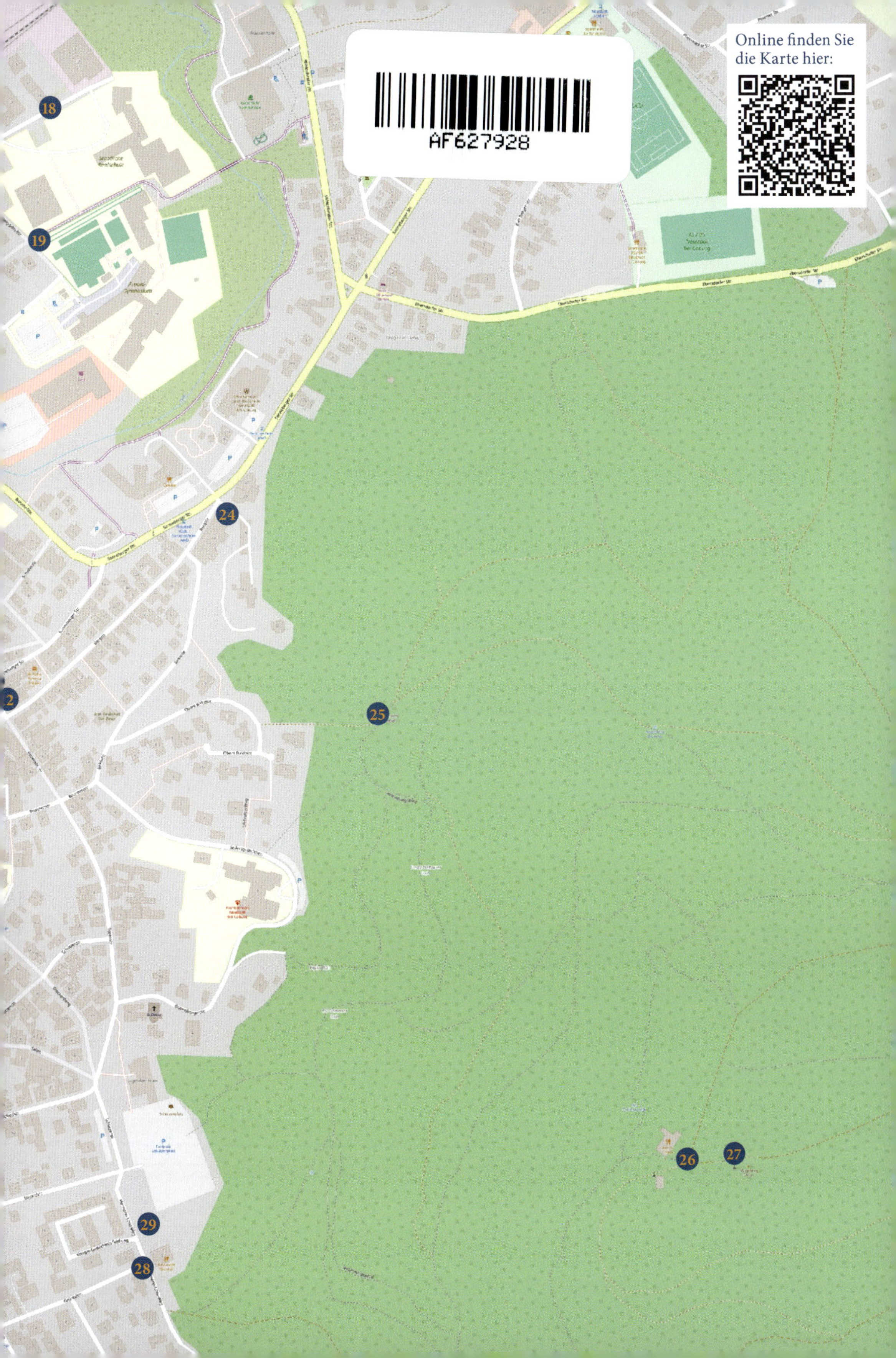

Online finden Sie die Karte hier:

Beliebtes Hobby der 1920er-Jahre: die Bootsfahrt auf der Röden.

Über den Autor

Andreas Bär wurde 1989 in Coburg geboren und wuchs seit seinem dritten Lebensjahr in Neustadt bei Coburg auf. Neben seinem heutigen Beruf als Sozialpädagoge und diversen ehrenamtlichen Tätigkeiten ist der Autor seit 2016 auch als freischaffender Künstler tätig. Sein kreatives Schaffen konzentriert sich dabei seit Beginn auf die Darstellung von Heimatmotiven in Acryl, Tusche und Fotografien.

Neustadt bei Coburg
einst & jetzt

Andreas Bär

Neustadt bei Coburg *einst & jetzt*

Eine spannende Zeitreise in faszinierenden Bildern

SUTTON

Inhalt

Vorwort

Neustadt bei Coburg, die bayerische Puppenstadt, liegt in einem der nördlichsten Täler Oberfrankens, direkt an der Landesgrenze zu Thüringen. Mit knapp 15.000 Einwohnern ist die „Große Kreisstadt", dem Titel zum Trotz, eine Kleinstadt. Manche Stadtteile sind als eingemeindete Gebiete mit ihrem dörflichen Charakter sogar von ländlicher Prägung. Forst- und Landwirtschaft spielen alles in allem jedoch eher eine untergeordnete Rolle auf den lokalen Sandsteinböden. Das Stadtbild wird von den Entwicklungen um 1900, also dem Aufstieg der Arbeiter durch die Industrialisierung, bestimmt. Insgesamt besteht Neustadt aus 22 Gemeindeteilen: Aicha, Birkig, Boderndorf, Brüx, Ebersdorf, Fechheim, Fürth am Berg, Haarbrücken, Höhn, Horb bei Fürth am Berg, Kemmaten, Ketschenbach, Meilschnitz, Mittelwasungen, der Hauptort Neustadt bei Coburg selbst, Plesten, Rüttmannsdorf, Thann, Unterwasungen, Weimersdorf, Wellmersdorf und Wildenheid.

Landschaftlich wird das Stadt- und Umgebungsbild vom Muppberg, dem 526 Meter hohen Hausberg Neustadts, geprägt. Als Zeugenberg, also ein Einzelberg, der vom Schichtstufenplateau, zu dem er einst gehörte, isoliert wurde, steht er nun in absoluter Dominanz im östlichen Stadtgebiet. Ein Vorteil für die Neustadter, die den Wald als Naherholungsgebiet nutzen können. Dazu lädt der Aussichtsturm, der Prinzregententurm, auf der Spitze des Mittelgebirgsausläufers ein. Ansonsten wird Neustadt als „in einem Kessel gelegen" beschrieben. Das liegt daran, dass sowohl westlich, nördlich als auch südlich gelegen weitere Berge stehen, die Neustadt tatsächlich beinahe rundherum umgeben, was die Talidylle perfekt macht. Nach Westen hin unterbrochen wird die Bergkette nur durch das Rödental (kreativerweise wurde auch der Nachbarort im Südwesten, ein Zusammenschluss aus vielen Dörfern, auf diesen Namen getauft). Die Röden ist der Hauptfluss durch die Stadt und begründet den Ursprung dieser, da Neustadt seine Siedlungskarriere einst als Zollstelle an einer Brücke über das Gewässer begonnen hat. Für interessierte Flussfreunde muss jedoch erwähnt werden, dass die Röden in Thüringen als Röthen geboren wird. Ihr Name wechselt mit dem Bundesland seine Schreibweise.

In der Neustadter Mundart, einer Variation des Niederitzgründischen, spielt die Schreibweise dann aber nicht wirklich eine Rolle. Ausgesprochen wird der Name „Rüed'n". Generell sind die Neustadter sehr stolz auf ihre Mundart und pflegen diese bei Kulturabenden, in Gedichten und in allerhand humoristischen Geschichten. So grob die Neustadter erst mal klingen mögen, so herzlich sind sie dann doch, wenn man sie näher kennt. Ein schönes Beispiel hierfür bietet die Gewohnheit hartgesottener Mundartsprecher, ihre Sätze mit „Aff" oder gesteigert „ölbara Aff" zu beenden, was durchaus für Zugezogene oder Durchreisende befremdlich wirkt. Jedoch kann dem ersten Eindruck entgegen Entwarnung gegeben werden: Dabei handelt es sich schlichtweg um ein legitimes Satzende. Es ist weder böse noch beleidigend gemeint – angeblich gibt es dazu gar einen richterlichen Beschluss.

Das eigentümliche Leben hat sich viele seiner Traditionen und liebenswerten Eigenheiten über die Dekaden bewahrt. Das Stadtbild selbst hingegen war und ist steter Entwicklung unterworfen. Daher ist ein Blick in seine Geschichte umso spannender! Die alten Abbildungen, die Sie auf den folgenden Seiten finden, stammen aus dem Stadtarchiv. Leider hat die Archivsammlung bei einem Wasserschaden 2012 stark gelitten. Durch eine kleine Flut, die in die Kellerräume des Rathauses und die Sammlung des dort beheimateten Archives eindrang, wurden viele Dokumente und Abbildungen von früher zerstört. Hieraus kann die Erkenntnis gezogen werden, dass nicht nur die Geschichte selbst, sondern auch ihre Zeugnisse der Vergänglichkeit unterliegen, sodass Erinnerungen immer wieder neu geschaffen werden müssen. Die neuen Fotografien in diesem Buch stellen solche frischen Erinnerungen dar. Sie sind von mir, dem Autor, speziell für dieses Buch in den Jahren 2022/2023 angefertigt worden.

Dieses Buch ist dabei für Sie, liebe Leserinnen und Leser, mehr als nur eine erfreuliche Lektüre. Der letzte Absatz jedes Kapitels beschreibt den Weg zwischen den verschiedenen Fotoorten, nennt dabei wichtige Sehenswürdigkeiten und lädt ein, selbst auf Spurensuche zu gehen. Wie schon angesprochen: Städte und Dörfer wandeln sich stetig, nehmen Sie daher gern das Buch mit auf Ihre Wanderung durch Neustadt b. C. und entdecken Sie selbst, ob sich die Dinge erneut geändert haben oder noch alles beim Alten ist. Da auch Straßen- und Fußwege nicht bis in alle Ewigkeit an Ort und Stelle sind, sei zudem empfohlen, in späteren Jahren nach Erscheinen dieses Buches Ihren Wanderweg vorher kurz mithilfe einer aktuellen Karte oder einer App zu kontrollieren. Eine notwendige Baustelle oder eine Änderung der Flurstücke in den Waldabschnitten können ein Umdenken notwendig machen. Vielleicht haben sich sogar Straßennamen geändert, denn das kommt vor, wenn auch sehr selten in der jüngeren Geschichte.

Noch ein Tipp, bevor es richtig losgeht: Lesen Sie das Buch doch gemeinsam mit Ihrer Familie. Jede Generation hat eigene Zugänge zu verschiedenen Räumen und Orten und verbindet ganz unterschiedliche Ereignisse sowie Erinnerungen mit diesen: Die Fabrik, in der die Großmutter noch als Näherin Puppen die Arme schenkte, kann für die Enkel ein Treffpunkt vor oder nach der Schule geworden sein. Viele solche spannenden Kleinigkeiten, die letztlich auch das Stadtbild bestimm(t)en, findet man erst im geselligen Miteinander heraus.

Hier noch die Informationen für dateninteressierte Wanderfreunde: Die Gesamtstrecke der im Buch vorgestellten Route ist etwa 44,1 Kilometer lang und beinhaltet insgesamt 583 Meter Ab- sowie 705 Meter Aufstieg.

Ich wünsche Ihnen viel Freude beim (Wieder-)Entdecken alter und neuer Orte hier in Neustadt. Gewiss wird es mir jedes Mal aufs Neue eine Freude sein, Sie als Erzähler mit diesem Buch zu begleiten.

Andreas Bär

Auf der Stadtkirche

Aufnahme aus den 1950er-Jahren.

Unser großer Ausflug durch Neustadt bei Coburg beginnt auf einem der höchsten Punkte: dem Turm der Stadtkirche St. Georg im Herzen der Stadt. Leider steht er nicht generell für die Öffentlichkeit offen, Interessierte können sich jedoch in der Sache gern an die Verwaltung der Kirchengemeinde wenden.

Sobald die alten, knarzigen Holzstufen hinauf zum Aussichtsbalkon bewältigt sind, findet man ein herrliches 360-Grad-Stadtpanorama vor. Wir wollen mit dem Blick in den Osten, zur aufgehenden Sonne hin, beginnen. Die vor uns liegenden Häuserzüge sind mit die ältesten Neustadts. Baulich ist die Größe der Häuser prägend, sodass immer mehrere Familien und Generationen in ihnen Platz haben. Markant sind auch die Werkhallen, die vielen Gebäuden angegliedert sind – ein Resultat der hier einst hohen Handwerkerdichte.

Dominant am Fuß des Muppbergs sind heute noch die 1930 geweihte Kirche St. Ottilia sowie die Krieger-Gedächtnis-Siedlung, die nach dem Ersten Weltkrieg als Maßnahme der Gemeinnützigen Wohnbaugenossenschaft (GWG) errichtet wurde. Falls man sich nun wundert, dass es dort früher anders aussah, so muss festgestellt werden, dass auf unserer alten Ansicht das alte Schützenhaus zu sehen ist. 1985 wurde es leider nach einem verheerenden Brand abgetragen. An seiner Stelle steht heute das Familienzentrum, das sich mit vielseitigen Angeboten an Jugendliche richtet.

Der Weg zu unserem nächsten Ziel ist wohl der einfachste auf unserer Wanderung. Wir begeben uns schlicht auf die andere Seite des Balkons.

Blick nach Westen

Aufnahme von 1938.

Während der Muppberg die Ostseite der Stadt klar beherrscht, so ist der Weg in den Westen weitgehend offen. Wo früher Feuchtwiesen üppig wuchsen, die dem Ort einst den Namenszusatz „an der Haide“ gaben, finden sich heute weitläufige Wohngebiete. Das Viertel Am Moos mit seinen weißen Hochhäusern zeugt namentlich von der einstigen Naturgegebenheit. Der Großteil der Wohnviertel hinter dem Bahnhof, der zwischen bilddominierender alter Industrie liegt, wurde erst nach dem Zweiten Weltkrieg errichtet. Viele Gebäude der Siedlungen mit den immer gleichen Häusern sind dabei architektonische Erweiterungen von Nothäusern, deren Pläne in den 1940er-Jahren entstanden. Die Wohnblöcke sind in Neustadt noch weitgehend in der Hand des lokalen sozialen Wohnbauträgers, der GWG. Während andere Städte nach dem Millennium einen Ausverkauf starteten, so wahrte man hier Weit-

blick. Das soziale Miteinander hatte in Neustadt immer einen hohen Stellenwert, was vermutlich ein Erbe der einstigen Arbeiterbewegung der lokalen Industrie ist. In den 1930er-Jahren galt die Stadt nicht umsonst als rote Hochburg.

Um zur nächsten Station zu kommen, verlassen wir die Kirche. Hierzu treten wir durch den großen Haupteingang hinaus ins Freie und halten uns links, passieren den kleinen Kirchengarten und den Parkplatz des Gemeindehauses. In diesem findet traditionell der Konfirmationsunterricht der evangelischen Stadtgemeinde statt. In der Schulstraße gehen wir rechtsherum bis zur nächsten Kreuzung und erblicken, zu unserer Linken, die Grundschule an der Heubischer Straße.

Nur für Jungs?

Aufnahme aus den 1910er-Jahren.

In großen Lettern steht es auf der Fassade der Grundschule geschrieben: KNABENSCHULE. Ja, dürfen die Mädchen denn nichts lernen? Trennt man in Neustadt noch nach dem Geschlechterverständnis von anno dazumal? Wenn man die Kinder sieht, wie sie hier beim letzten Gong des Unterrichtstages aus dem Gebäude strömen, so wird man beruhigt feststellen, dass dem nicht mehr so ist. Die Grundschule an der Heubischer Straße ist schon seit 1907 für alle Kinder in ihrem Einzugsgebiet, Jungen und Mädchen, geöffnet. Der Schriftzug auf ihrem Haupt ist heute nur noch von historischer Bedeutung. Moment … Grundschule? Die Älteren werden nun mit der Stirn runzeln, denn der Name Grundschule war selbst im Jahr 2022 noch recht neu! Die längste Zeit wurde die Einrichtung als Volksschule bezeichnet. Denn auch wenn heute nur noch die 1. bis 4. Klasse in ihren Räumen unterrichtet werden, so fanden sich vor wenigen Jahren noch höhere Klassenstufen in ihnen. Die Volksschulen vereinten Grund- und Hauptschulen (heute in Bayern Mittelschulen genannt) unter ihrem Dach.

Doch selbst wenn inzwischen weniger Klassen vorhanden sind, so ist die Ausstattung der Schule stets vorangeschritten: Lernwerkstätten, Film- und Computerräume sind 2023 selbstverständlich. Von den Schülern wurde diese Ausstattung im Erbauungsjahr 1880 wohl nicht einmal erträumt.

Der nächste Fotoort erwartet uns auch in der Heubischer Straße. Dieser folgen wir rechtsherum, der Straßennummerierung hinab, weg von der Schule. Bald kommen wir bei einem großen, weißen Gebäude an: dem Rathaus.

Das Rathaus

Aufnahme von 1937.

Unser Rathaus hat seine aktuelle Form im Jahr 1971 erhalten. Der vorherige, nicht mehr zeitgemäße Häuserblock war weder den Anforderungen einer modernen Verwaltung gewachsen noch in einem baulich guten Zustand. Ein Neubau musste her! Als Kind seiner Zeit ist das Gebäude im typisch brachialen Stil der jungen Bundesrepublik erbaut worden, was es nicht grade zu einem beliebten Blickpunkt in der Bevölkerung machte.

Das weißgraue Verwaltungsgebäude zieht die Menschen heute eher mit seinen Dienstleistungen an, die sowohl schnell als auch unkompliziert erbracht werden. Die 2021/2022 energetisch sanierte Mediathek, die die Stadtbücherei abgelöst hat, verdient ebenso unsere Aufmerksamkeit. Sie glänzt durch interaktive Angebote sowie eine breite Medienfülle, die weit mehr bietet als nur Bücher. Erwähnenswert ist auch das Stadtarchiv, das Einblicke in die

Vergangenheit der Stadt ermöglicht, wenn auch das Bildmaterial dort inzwischen etwas mager geworden ist. Schuld daran ist ein Wasserschaden, der vor der Sanierung den im Keller angesiedelten Räumen herbe Verluste zugefügt hat. Aktuell findet daher in unserem Stadtarchiv eine umfassende Digitalisierung aller Bestände statt, die die Erinnerungen Neustadts künftig weniger zeitbedingt bewahren wird.

Unser Rathaus, gelegen an der Georg-Langbein-Straße, dem Süd-Zugang zur Fußgängerzone, markiert zudem den Eingang in Neustadts geschäftige Vergangenheit. Das nächste Motiv befindet sich daher direkt an der Ecke gegenüber. Sie ist ein Sinnbild des sich verändernden Handelslebens der Stadt.

Vom Einzelhandel

Aufnahme von 1970.

Lust zu grillen? Heute wird man bei der Metzgerei Fleischmann noch fündig, wenn es um die originale Neustadter Bratwurst geht. Nur die Fleischerei Luther bietet sonst noch diese beliebte Traditionsspezialität des Neustadter Metzgerhandwerkes an. Wie viele andere Städtchen auch unterliegt Neustadt einem starken strukturellen Wandel in Handel und Handwerk. Kamen zuerst die Supermärkte auf der grünen Wiese, so ist inzwischen auch das Internet ein typischer Konkurrent für den stationären Einzelhandel geworden. Bei Lebensmitteln scheint sich das Internet auf dem deutschen Markt noch in Zurückhaltung zu üben, aber auch hier mischen neue Geschäftsstrukturen den Handel auf. Ob es den verbleibenden Metzgereien so gehen wird wie den vielen Textilgeschäften, die einst die Innenstadt säumten? Aus der Pers-

pektive von 2022 ist gewiss, dass sich die Anzahl der Metzgereien innerhalb der letzten zehn Jahre in etwa halbiert hat, was den aktuellen Trend aufzeigt. Die Freunde der Neustadter Bratwurst werden sich kaum wünschen, dass das so weitergeht, und der Bratwurst sicher die Treue halten. Die Neustadter Bratwurst ist Tradition und kann den fränkischen Rostbratwürsten zugeordnet werden. Jeder Neustadter weiß natürlich, dass sie, oben bestrichen mit scharfem Senf in einem Brötchen liegend, die beste aller Bratwürste ist.

Zu unserem nächsten Ziel folgen wir weiter der Heubischer Straße bis zu einem großen Platz an ihrem Ende.

Am Alexandrinenplatz

Aufnahme aus den 1950er-Jahren.

Gewidmet der Herzogin Alexandrine, ist dieser frühere Marktplatz, auf dem vor allem Schweine gehandelt wurden, erst in der Zeit der Industrialisierung zu einem schicken Kleinod der Stadt ausgebaut worden. Cafés sind heute wie damals an seinen Rändern beheimatet. Das „Leo's", eine Bar an der Ostseite, überzeugt seit 2020 mit seiner schönen Terrasse. Von ihr aus kann man gut Verkehr und Leute beobachten. Doch gerade der Verkehr war es, der dem Platz seinen repräsentativen Charakter wieder genommen hat. Während um 1900 hier noch das Schaumberg-Denkmal stand, so dominiert mittlerweile die Nutzung als Parkplatz. Gleichwohl erwartet einen ein neueres, kleines Monument: die Neustadtsäule. Sie symbolisiert die Arbeitsgemeinschaft „Neustadt in Europa", eine Städtepartnerschaft von 37 Neustadts aus 7 europäischen Nationen, die sich wegen der Namensgleichheit verbunden fühlen. Das alte Denkmal, das dem Lehrer und Schriftsteller Heinrich Schaumberg gewidmet

wurde, steht inzwischen im Schaumberg-Viertel, welches an der Sonneberger Straße stadtauswärts in den 1950er-Jahren entstand. Sollte man sich für sein Schaffen interessieren, so lohnt der Besuch von Weißenbrunn (Rödental). Der pittoreske Ort im Norden des Coburger Landes arbeitet sogar einige seiner Romane, die dort spielen, im Ortsbild auf.

Wir verlassen den Platz rechter Hand in die Ernststraße, dieser folgen wir nur, bis sich ebenso rechts die Kirchstraße, eine Gasse, auftut. Diese laufen wir bis zum Marktplatz hinauf entlang.

Zurück zur Stadtkirche

Die Kirchstraße hinauf bietet sich ein herrlicher Blick auf die Sitztreppen vor der Stadtkirche, die mit ihrer Brunnenanlage im Jahr 2022 fertiggestellt wurden. Zum Bedauern vieler wurde dabei jedoch auf schattenspendendes Grün verzichtet, was so manche hämische Äußerung unter der Hand hervorbrachte.

Ungeachtet des Aufstieges erhebt sich die Stadtkirche St. Georg seit jeher über die Stadt. In ihrer heutigen neugotischen Form wurde sie 1848 errichtet. Das mag erst mal recht spät erscheinen, aber es muss bedacht werden, dass es sich dabei um den dritten Bau einer Kirche an dieser Stelle handelt. St. Georg wurde, ähnlich der gesamten Altstadt, zwei Mal beinahe gänzlich zerstört. Ursächlich hierfür waren jedoch nie kriegerische Auseinandersetzungen, von denen Neustadt stets weitgehend verschont geblieben ist, sondern die zwei großen Stadtbrände der Jahre 1636 und 1839. Doch nicht nur Unglück verfolgte die Kirche, in ihr als einem Ort der Reformation predigte Martin Luther selbst im Jahr 1530. Hieran erinnern das Lutherfenster rechts im Kirchenschiff und eine Lutherbibel von 1563.

Die evangelische Gemeinde St. Georg ist mit dem Stand von 2023 zudem die größte der evangelischen Gemeinden in Neustadt und im gesamten Dekanatsbezirk Coburg. Als solche betreibt sie die Kinderintegrationstagesstätte Farbenfroh und auch den Inklusionskindergarten Löwenzahn.

Unser nächstes Motiv befindet sich nur wenige Meter entfernt. Wir gehen ein paar Schritte geradeaus auf den Marktplatz und blicken nach ungefähr 20 Metern nach links.

◂ *Aufnahme aus den 1980er-Jahren.*

Auf dem Markt

Aufnahme aus den 1910er-Jahren.

Der Neustadter Hauptmarkt bildet das Ortszentrum und den größten gepflasterten Platz der Stadt. Die typischen Marktaktivitäten, wie der Wochen- oder Bauernmarkt, haben sich über die Jahrhunderte immer wieder gewandelt. Das jedoch nicht unbedingt zum Positiven hin. Das regelmäßige Markttreiben ist 2023 schon seit Jahren im Rückgang. Der Kundenschwund sowie ein hierdurch schrumpfendes Angebot haben zu einer Abwärtstendenz für diese Form des Handels geführt. Wie sich dieser weiterentwickelt, wird wohl erst die Zeit zeigen.

Baulich hingegen zeigt sich die Innenstadt, vor allem mit ihren Häuserensembles, an dieser Stelle sehr beständig, sofern man von den Leerständen absieht. Einzig der Platz in seiner Gestaltung hat sich immer wieder geändert. Wo früher ein kaiserliches Denkmal stand,

fand sich in der Zeit der BRD bis nach der Jahrtausendwende eine Bratwurstbude, die oft als Bratwursttempel bezeichnet wurde. Doch seit der großen Marktsanierung 2023 ist der Rest dieser Bude, die zuletzt als Pavillon genutzt wurde, Geschichte. Dafür kleidet sich der Platz seitdem in einem modernen Gewand. Ein absolutes Highlight des Marktes steht zwischen dem Rathaus und den Kirchentreppen: eine pieselnde Hundestatue. Sie ist eindeutig die Neustadter Antwort auf das berühmte Brüsseler Manneken Pis.

Wir verweilen weiterhin auf dem Marktplatz. Der nächste Punkt von Interesse liegt erneut nur wenige Meter weiter. Wir gehen in die Mitte des Platzes und richten unseren Blick zur Gasse, die neben der Kirche den Glockenberg hinauf verläuft.

Das Kinnofest – Teil 1

Aufnahme von 1911.

Das Neustadter Kinderfest, seit 2023 Teil des immateriellen Kulturerbes des Landes Bayern, ist ein Stück gelebte Tradition. Eine Tradition, die gut tausend Jahre alt ist und bisher jeder Umwälzung sowie jedem Krieg standhielt. Nicht umsonst wird es als Neustadter Nationalfeiertag bezeichnet! Jahr für Jahr finden alle Generationen im Juli zusammen und zelebrieren das Ereignis in aller Ausführlichkeit.

Der Festtag startet stets mit einem allgemeinen Weckruf um 6 Uhr, der über der Stadt ertönt. Der Vormittag ist sodann von regem Treiben geprägt, müssen doch die Schulkinder bunte Kostüme für den großen Festumzug anziehen. Ebenso in großer Aufregung sind Musikvereine von nah und fern (z.B. aus der Partnerstadt Villeneuve-sur-Lot), die den Umzug ebenso wie die Neustadter Puppenfee und natürlich der ehrenwerte Herr Puppendoktor

begleiten. Um 13 Uhr startet der Festzug zu seinem Weg durch die Innenstadt, aber man kann gewiss sein, dass die Straßen schon um 12 Uhr voller Menschen sind, will sich doch jeder eine gute Sicht auf den Umzug sichern oder gar darauf wetten, welche Themengruppen dieses Jahr mit dabei sind. Doch damit ist das Fest natürlich nicht vorbei! Wie es weitergeht, betrachten wir später an unserer Station am Schützenplatz.

Wir folgen nun dem bisherigen Weg über den Marktplatz gerade weiter nach Nordosten. Zur linken Seite unseres Weges lässt sich an der Ecke der Augustenstraße die Sparkasse entdecken, die das nächste Motiv darstellt.

Sparen für morgen

Aufnahme aus den 1950er-Jahren.

Die Filiale der Sparkasse in Neustadt hat sich in der Vergangenheit häufig baulich und auch namentlich gewandelt. Während die Kleinstfilialen in den Stadtteilen geöffnet und wieder dauerhaft geschlossen wurden, blieb sie immer ihrem Standort am Marktplatz treu. Begonnen hat sie im Jahr 1835 als Städtische Sparkasse Neustadt. 1938 ging diese dann mit den drei anderen Sparkassen im Coburger Raum in den Vereinigten Coburger Sparkassen (VCS) auf. Doch damit nicht genug: 2005 fusionierte die VCS mit der Kreissparkasse Lichtenfels zur Sparkasse Coburg-Lichtenfels in ihrer heutigen Form.

Was verbindet die Neustadter nun eigentlich mit ihrer Sparkasse? Das Klinkergebäude aus dem Jahr 2017? Die Antwort ist wohl eher die Erinnerung vieler an die erste Begegnung mit der Bank, und zwar am Weltspartag. Seit 1924 findet dieser immer im Oktober statt und

bietet, vor allem für Kinder, die Gelegenheit, das Einzahlen von kleinen Einlagen mit einem Geschenk, wie einem Plüschtier oder Spiel, belohnen zu lassen. Noch heute sammeln sich zu diesem Tag die Jüngsten in den Bankräumen, um ihr Sparschwein in die ratternden Zählautomaten zu leeren. Diese geben direkt die Höhe der Ersparnisse bekannt, die dann auf ein Sparkonto oder Sparbuch kommen.

Doch genug vom Mammon: Durch den Steinweg geht es zu den nächsten zwei Fotopunkten. An der Kreuzung am Ende der einstigen Fußgängerzone biegen wir links ab und wandern die kurze Straße Amtshof hinunter. Auf der rechten Seite, der gegenüberliegenden Straßenseite, rückt eine Schaufensterfront mit Straßenverkauf in unser Blickfeld.

Von Eis, Pizza und Döner

Aufnahme aus den 1960er-Jahren.

Der Straßenverkauf ist offen! Schulkinder auf ihrem Weg durch die Stadt holen sich immer gern eine Eiskugel. Ob Schokolade, Erdbeere, Vanille oder neuere Sorten, wie Cookies, Schlumpf-Eis oder Malaga – die kalte Süßspeise lockt Jung wie Alt. Daran hat sich in den letzten Jahrzehnten wenig geändert, auch wenn die ehemals „Arnoldo" genannte Eisdiele nicht mehr von ihrem Gründer geführt wird. Er ging schon vor vielen Jahren in den wohlverdienten Ruhestand. Der neue Inhaber hat das Angebot der nun „erol's" genannten Gastronomie innovativ erweitert, sodass der Gast sich jetzt ebenso an warmen Speisen wie Pizza und Pasta erfreuen kann. Generell hat sich die Sonneberger Straße, in der wir stehen, zu einer Gastronomiemeile entwickelt. Wo früher Tabakwaren, Elektrogeräte und Sportkleidung feilgeboten wurden, gibt es nun vor allem Döner. Ganze drei Dönerimbisse stehen 2023, seit

teilweise über 20 Jahren, erfolgreich Tür an Tür. Man merkt: Nicht nur der Bratwursthunger der Neustadter scheint groß zu sein. Die Vielzahl der Traditions-Dönerimbisse dürfte in der Einwanderungswelle aus der Türkei nach dem Zweiten Weltkrieg begründet liegen. Das ehemalige Neustadter Siemens-Werk hat in den 50er-Jahren viele Arbeiter nach Neustadt gelockt. Später kamen ihre Familien nach, Kinder kamen zur Welt, die Integration nahm ihren Lauf. Im Gegensatz zur Firma Siemens blieben die Zuwanderer, wurden Nachbarn, Freunde, Neustadter.

Der Weg zur nächsten Location ist schnell gefunden. Es reicht, sich nach links umzudrehen und in die Ernststraße zu schauen.

An der Polizei

Aufnahme aus den 1920er-Jahren.

Die Ernststraße hält zwei bedeutende Orte bereit, das ehemalige „Café Lindig“ und die Polizei. Das Café kennen viele Neustadter heute noch vom Torteneinkauf und den süßen Körbchen für die Kinder. Hier konnten kleine Neustadter aus einem ganzen Regal Süßigkeiten wie Gummimäuse oder Bonbons entnehmen, um ihr Körbchen zu füllen. Mit einer Mark von den Eltern in der Hand war das eine durchaus beliebte praktische Rechenübung.

Die Polizei ist auffällig groß für eine Kleinstadt, was an der früheren Nutzung des Gebäudes liegt. Errichtet wurde es als Amtsgericht der Stadt. Erst in den 70er-Jahren wich die Judikative der Exekutive.

Unsere Wanderung geht weiter. Die Treppen am Polizeigebäude steigen wir hinab in den Mühlgraben des sogenannten Weidachviertels. Der Name des Viertels kommt jedoch nicht von einem Nachbarort oder einer Eingemeindung – Waid ist eine Färberpflanze, die früher zur Herstellung der Farbe Blau benötigt wurde. Später wurde der Waid durch importierte Farbstoffe wie das Indigo ersetzt. Dem Mühlgraben folgen wir linksherum, bis zu unserer Rechten ein großer Schotterparkplatz auftaucht, diesen passieren wir und verlassen das Viertel hin zur Hauptstraße. Eine Fußgängerampel bringt uns sicher auf die andere Straßenseite, wo eine kleine Brücke in die Marienstraße hineinführt. Darauf machen wir kurz Halt und drehen uns zum soeben passierten Platz um.

Der ehemalige Brandplatz

Aufnahme von 1950.

Der Brandplatz, vorher Scheunenplatz, erhielt seinen Namen durch ein verheerendes Feuer. Eines, das zwar nicht die ganze Stadt, aber die dortige Scheune abgebrannt hatte – was den alten Namen Scheunenplatz ad absurdum führte. Nach weiteren Umbenennungen erhielt er seinen heutigen Namen: Arnoldplatz, benannt nach Max Oscar Arnold, auf den in späteren Kapiteln näher eingegangen wird.

In den 90er- und 2000er-Jahren wurde der vorher schlichte Platz mit neuen Gewerbe- und Wohnhäusern bebaut, was viele Händler anlockte. Neben ganz typischen Geschäften wie dem Obsthändler Zettl oder der Arnold-Apotheke gehörte auch ein Kuriosum dazu. Hypnose- und Voodoobedarf, Esoterisches aller Art sowie normale Kioskwaren, all das fand man über zwei Jahrzehnte im Familiengeschäft Golansky. Dieses war im Erdgeschoss eines großen, blauen

Gebäudes in der Mitte des Platzes beheimatet, der davon optisch dominiert wurde. Hier bekam man die Gelegenheit, sich beim Kauf der Zeitung noch die Handlinien lesen oder gar die eigenen Träume deuten zu lassen. Anbieter dieser Möglichkeiten war Alexander Golansky, kurz „Golle", ein Neustadter Original. Nicht erst durch diverse TV-Auftritte in Talkshows der 90er, sondern schon durch seine markante, von Tattoos und zwei Metern Größe geprägte Erscheinung war er stadtbekannt.

Nach der Betrachtung des Platzes verlassen wir die Brücke und biegen rechtsherum in die Coburger Straße, die Hauptstraße, ein. Worauf haben wir da überhaupt gerade gestanden? Zeit, sich erneut umzudrehen, um die Brücke genauer zu begutachten.

An der Marienbrücke

Aufnahme aus den 1950er-Jahren.

Die Marienbrücke, häufig saniert und den Anforderungen der Zeit angepasst, hat ihre Jugendstilzierelemente längst eingebüßt. Im Kontrast dazu erheben sich heute noch die Prachtbauten des Bahnhofsviertels, das hier beginnt. Sie konnten ihren alten, repräsentativen Charakter weitgehend bewahren. Das Viertel ist damit ein Kind der Phasen der späten Industrialisierung. Diese fallen in Neustadt vor allem in die wilhelminische Zeit, die in Glanz und Gloria zu leben versuchte. Gefördert wurde dieses Lebensgefühl durch ein aufsteigendes, selbstbewusstes Bürgertum, das sich in bescheidenem Ausmaß bildete. Ergänzend zu Pflichtgefühl und Repräsentationswillen war für dieses Milieu eine angemessene Freizeitgestaltung von großem Interesse. Da teure Reisen ins Ausland weiterhin eine Seltenheit waren, mussten Angebote für Mußestunden in der Stadt geschaffen werden. Hier kommen wir zurück zur

Marienbrücke: Zwischen ihr und der Coburger Brücke wurde die Röden um die Jahrhundertwende angestaut, sodass ein kleiner See entstand. Die alten Wehren hier am Fluss zeugen noch davon. Sie sind also keineswegs nur Schutzmaßnahmen gegen die Wassermassen der Schneeschmelze des Thüringer Waldes. So wurde das städtische Ruderbootfahren, im schicken Sonntagsgewand, zu einer beliebten Aktivität, die angeblich mit so mancher romantischen Kuppelei verbunden war.

Wir setzen unseren Weg an der Lindenstraße entlang in Richtung Coburg fort, bis schon nach wenigen Metern die Coburger Brücke vollständig in den Blick fällt.

Die Coburger Brücke

Aufnahme aus den 1950er-Jahren.

Die Brücke der Coburger Straße, die wohl mächtigste Brücke der Stadt, liegt vor uns. Kein Wunder, fließt doch der Hauptverkehr durch Neustadt über sie. Es ist ganz typisch für die Gegend, dass die Nord-Süd-Straßenachsen die dominanten Verkehrswege sind. Ausgebaute Ost-West-Stecken dienen vor allem dem Zweck, die nächste größere Nord-Süd-Achse zu erreichen. Westlich wäre das die A73 und im Norden sind es die Täler des Thüringer Waldes. Wer das Glück hat, alte Karten in die Hände zu bekommen, wird dort ebenso die alten Nord-Süd-Straßen finden. Schon im Mittelalter verbanden sie Skandinavien mit Norditalien. Während die Ost-West-Handelswege meist nicht einmal hundert Kilometer lang waren.

Der aktuelle Brückenbau der Coburger Straße wurde, um dem wachsenden Verkehr nach der Wende gerecht zu werden, im frühen Millenniumsjahrzehnt errichtet. Die Ortsumgehung hinter dem Muppberg war zu diesem Zeitpunkt noch Zukunftsmusik.

Wir passieren die Coburger Brücke und wandern rechts herum die fast immer schattige Eisfelder Straße hinauf. Die Einbahnstraße liegt am Friedhof, dessen steinernes Eingangstor schon 1570 erbaut wurde. Vor diesem markiert ein schneckenförmiger Brunnen den Standort des ehemaligen Krankenhauses. Ist die Eisfelder Straße erst mal so weit bezwungen, dass man den Hügel hinaufgefunden hat, ist ein Bahnübergang zu überqueren. Dahinter auf einem leicht zugewachsenen Schotterplatz erhalten wir rechterhand einen Blick auf die heutige Gleisanlage des Bahnhofes. Ein nicht nur für Zugfreunde spannender Anblick.

An den Gleisen

Aufnahme aus den 1910er-Jahren.

Bevor wir uns später den aktuellen Zugverbindungen widmen, werfen wir erst mal einen historischen Blick auf den Bahnhof. Obgleich er heute wieder zwei Gleise hat, waren die Zugverbindungen nach und durch Neustadt recht wechselhaft. Dies lag an der Nähe zur innerdeutschen Grenze und am industriellen Wandel der Stadt. Zu Beginn des industriellen Zeitalters gewann die Bahn große Bedeutung, sodass der Bahnhof am Stadtrand nahe den großen Spielzeug- und Puppenfabriken errichtet wurde. Der Güterverkehr stand dabei klar im Fokus. Unterstrichen wurde dies durch eine Nebenstrecke, die durch das Steinachtal nach Ebersdorf bei Coburg verlief. Sie schloss die Korbindustrie der dortigen Gegend an. Diese Strecke wurde mit der deutschen Teilung zerrissen, da sie durch das im Sonneberger Land

gelegene Heubisch verlief. Ebenso beendet wurde damals der Bahnverkehr nach Norden. Der Neustadter Bahnhof war deshalb bis 1992 ein Kopfbahnhof. Die Reststrecke der Nebenbahn, nun nur noch von Fürth bei Neustadt nach Ebersdorf bei Coburg verlaufend, wurde bis 1992 schrittweise stillgelegt, nach und nach wurden die Schienen demontiert. Seit der Wiedervereinigung wurde die freigewordene Bahntrasse als Radweg ertüchtigt. Heute ermöglicht sie Ausflüge ins Grüne.

Nun folgen wir der Eisfelder Straße zur Kreuzung Hölderlinstraße – Eisfelder Straße – Walter-Flex-Straße, wo sich in der Hölderlinstraße der nächste Fotopunkt befindet.

Wachstumsphasen der Stadt

Aufnahme aus den 1970er-Jahren.

Die vor uns liegenden Wohnviertel der Stadt sind nach dem Zweiten Weltkrieg in hohem Tempo während der Wirtschaftswunder- und späteren Grenzlandförderungs-Jahre gewachsen. Die Hölderlinstraße ist typisch für später errichtete Gebäude, meist Mehrgenerationenhäuser, bei denen auch die Versorgung der Alten mitbedacht wurde. Da staatliche oder freie Pflegeeinrichtungen früher eher die Ausnahme darstellten, wurden kleine Wohnungen in den Häusern für die Eltern vorgehalten. Von Vorteil war dabei auch, dass die Familien sich viele Kosten und alltägliche Lasten teilen konnten.

An der Kreuzung biegen wir über die Eisfelder Straße hinweg in die Walter-Flex-Straße ein. Die Bebauung hier ist älter als die der Hölderlinstraße. Die Häuser besetzen in ihrer Mehrzahl eine geringere Grundfläche, wobei sie eher turmartig angelegt sind. Im Kontrast dazu steht die Ostlandstraße, in die wir rechts herum einbiegen. Ihr Name deutet bereits darauf hin, dass hier in den 1950er-Jahren Flüchtlinge aus den ehemaligen Ostgebieten eine neue Heimat fanden. Am Ende der durch einst die Wohnungsnot lindernde Mehrfamilienhäuser dominierten Straße erreichen wir eine Kleingartenanlage. An diesem Naherholungsraum ziehen wir vorüber. Im Grund der Röden angekommen biegen wir rechts in die Luisenstraße ab. Erneut überqueren wir die Bahngleise. Hinter ihnen passieren wir den Busbahnhof und kommen so in die Feldstraße, ihr ist linksherum zu folgen. Sobald die Staatliche Realschule zu sehen ist, sind wir am nächsten Ziel angekommen.

Zeugnis der Unzeit

Aufnahme aus den 1940er-Jahren.

Die heute grüne Wiese vor der Realschule hat eine meist ungeahnte Geschichte. Viele ältere Neustadter erinnern sich vermutlich noch an den Jugendtreff, der hier stand, als sie auf die Realschule wechselten. Andere erinnern sich an ein geschlossenes, heruntergekommenes Haus, dessen mit Graffiti verunstaltete Wände eine willkommene Deckung zum Rauchen vor oder nach dem Schulunterricht boten. Manchmal war gar die alte Tür aufgestemmt worden, sodass man sich in den leeren, modrigen Gängen umsehen konnte …

Kaum einer der damaligen Jugendlichen wusste vom ursprünglichen Zweck des 2005 abgerissenen Gebäudes, da alle verräterischen Symbole lang vorher entfernt worden waren. 1937 in der zu sehenden Form erbaut, diente es zuerst als Reichsarbeitsdienstlager. Der Reichsarbeitsdienst war ein bis zu einem Jahr langer Pflichtarbeitsdienst Jugendlicher, der vor

allem zu erzieherischen Maßnahmen im Sinn der nationalsozialistischen Ideologie, aber auch zur Kriegsvorbereitung bestimmt war. Ein besonderes Augenmerk lag dabei auf körperlicher Ertüchtigung, also harter körperlicher Arbeit. Dies traf insbesondere die Jungen, die zum Straßenbau oder anderenorts gar zur Errichtung von militärischen Anlagen herangezogen wurden.

Mit einem leichten Schaudern überqueren wir nun die Fahrradwege vor der Realschule und kommen so zum Sportplatz des Arnoldgymnasiums. Zwischen diesem und der Turnhalle verläuft unser Weg bis zur Kreuzung an der Ludwig-Jahn-Straße. Der Blick von hier in Richtung Gymnasium zeigt das nächste Motiv auf.

Die höheren Schulen

Aufnahme von 1972.

In Neustadt gibt es die bemerkenswerte Situation, dass die Stadt als einzige im Landkreis Coburg sowohl eine eigene Realschule als auch ein Gymnasium anbietet. Interessanterweise fungierte das heutige Realschulgebäude bis 1971 sogar als Berufsschule. Diese musste wegen rückgängiger Schülerzahlen schließen. Das Gymnasium fand seine heutige Stelle 1959. Seitdem wurden beide Bildungseinrichtungen kontinuierlich erweitert.

Das Gymnasium erhielt im Jahr 1982 einen Erweiterungsbau mit einer großzügigen Pausenhalle und 1999 den sogenannten Neubau. Die Gebäudeteile erhielten später die Bezeichnungen Alpha-, Beta- und Gamma-Bereich. Die Realschule wurde ebenfalls zweimal erweitert, nämlich 1978 und 2003. Doch damit nicht genug: Nach der Jahrtausendwende rückte die ganztägige Betreuung der Schüler verstärkt in den öffentlichen Fokus.

Daher wurde in den 2010er-Jahren die Aula des Arnoldgymnasiums durch einen modernen Mensaneubau mit vielfältigen Nachmittagsangeboten für die Schüler beider Einrichtungen ersetzt. Kurz darauf wurde die komplett klimatisierte Zweifachturnhalle hinter dem Schulgelände eröffnet.

Über die Ludwig-Jahn-Straße geht es zurück in Richtung Busbahnhof, vor dem wir die Feldstraße überqueren. Die Neubauten aus dem Jahr 2021/22, die hier stehen, umgehen wir linksherum zur Straße Am Güterbahnhof. Dieser folgen wir nun in Richtung Bahnhof. Bei der letzten Parkplatzeinfahrt zu unserer Rechten finden wir den nächsten Fotopunkt – gegenüber dem Parkplatz stehen die Reste der einstigen Max-Oscar-Arnold-Werke.

Puppen und Geheimräte

Aufnahme aus den 1910er-Jahren.

Die Max-Oscar-Arnold-Werke mit ihrem großen Turm am Bahnhof sind den Neustadtern auch hundert Jahre nach ihrer Schließung noch ein Begriff. Es ist vor allem der Ruhm Arnolds, der die Erinnerungen wachhält.

M.O. Arnold war einer der wichtigsten Spielzeugfabrikanten Neustadts sowie Arbeitgeber von hunderten, ja indirekt gar tausenden von Neustadtern. Von 1895 bis 1914 stellte seine Firma Puppen, Puppenkleider und allerhand Zubehör her, die Kindern weltweit Freude machten. Arnold war zudem erfolgreich politisch für seine Heimat tätig. Als Präsident des Coburger Landtages vertrat er die Region im Deutschen Reichstag in Berlin, er bereitete als Geheimrat den Anschluss des Coburger Landes an den Freistaat Bayern vor und auch soziale Stiftungsarbeit war ihm vertraut. Dem liberal orientierten Demokraten war zudem die Infrastruktur eine Herzensangelegenheit, so ging der Anschluss Neustadts an die Steinachtalbahn auf seine Bemühungen zurück.

Doch war nicht sein ganzes Leben von Glück geprägt. Schwierige wirtschaftliche Bedingungen in der Zwischenkriegszeit und eine Feuerkatastrophe im Werk brachten die Insolvenz mit sich. Durch harte Zwangsvollstreckungsmaßnahmen ruiniert, verbrachte er seine letzten Lebensjahre bis 1938 in erzwungener privater Bescheidenheit. Als Namensgeber für den Arnoldplatz, das lokale Gymnasium, einen Wanderweg und einen Puppenkunstpreis lebt er jedoch bis heute weiter.

Wir folgen unserem Weg bis an die Unterführung des Bahnhofes, wo wir auf das Bahnhofsgebäude selbst blicken.

Bahn frei!

Aufnahme von 1982.

Wir sind erneut am Bahnhof angekommen. Was verrät uns der aktuelle Fahrplan wohl? Obwohl die Bedeutung der Bahn für die Industrie abgenommen hat, ist der Bahnhof immer noch ein wichtiger Verkehrsknotenpunkt der Stadt. Besonders für die Schüler der Realschule und des Arnoldgymnasiums ist er heute sehr nützlich. Ein größerer Teil von ihnen pendelt Tag für Tag nach Neustadt zum Unterricht, was man auch kaum übersehen kann. Zu den Schulzeiten sind die Züge stets bis an ihr Transportlimit gefüllt.

Doch auch in den Ferien ist die moderne Zugverbindung über Coburg nach Lichtenfels und nach Sonneberg beliebt. Das lokale Ferienticket ermöglicht Schülern, Auszubildenden und Studenten, die Strecke kostenlos zu nutzen und so Freunde sowie Freizeitangebote in den Nachbarstädten zu besuchen. Seit 2017 existiert zudem die ICE-Anschlussverbindung. Über

Coburg werden München, Berlin und Hamburg erreicht, sodass auch die Fahrt in den Urlaub mit der Bahn von Neustadt aus angetreten werden kann. Natürlich profitieren darüber hinaus Berufspendler von dem fortschreitenden Bahnnetzausbau.

Nach dieser Betrachtung überqueren wir die Straße und folgen dem Straßenlauf rechtsherum bis zur Marienstraße, in die wir abbiegen. Zu unserer Linken befindet sich ein sehr breiter, aber nicht allzu hoher Turm an einer ehemaligen Fabrik, hinter dem sich eine kleine unbenannte Gasse auftut. Leider ist sie Privatgelände. Ein Blick von außen in diesen industriellen Hinterhof muss also genügen. Hier wurden einst die Träume junger Mädchen wahr gemacht.

Geburtsort der Barbiepuppe

Die 1950er-Jahre: Das Wirtschaftswunder erreicht Neustadt. Neue Materialien für die Fabriken, wie Hartplastik, werden entwickelt und aktuelle Ansprüche an die Spielsachen gestellt. Die puppenfertigenden Betriebe der Nachkriegszeit sind gefordert, den Mädchen ein Vorbild zu fertigen, das den Zeitgeist einfängt. Dem Konzept der „BILD"-Lilli nach entsteht so die Puppe Lilli in der Firma O. & M. Hausser, in deren Hinterhof wir gerade blicken. Sie ist eine junge, kesse, konsumfreudige Frau, die alte Prüderie überwunden hat und ganz unabhängig ihr eigenes Geld verdient. Einen reichen Mann fürs Leben hätte sie aber dennoch gern, wie man den Comics der „BILD"-Zeitung über sie in dieser Zeit entnehmen kann.

In den 60er-Jahren wird eine Amerikanerin, Ruth Handler, bei einer Europarundreise auf die moderne Puppe aufmerksam. Inspiriert von Lilli schafft sie daraufhin die Barbie für den Markt in Übersee. Ihre Firma, der Spielzeuggigant Mattel, kauft zugleich das Patent für die Puppe, wodurch Lilli zur international erfolgreichen Barbie wird.

Wir gehen nun durch die parallel zu Hinterhof und Bahngleisen verlaufende Friedrichstraße bis zur nächsten Kreuzung, die überquert wird. Sogleich finden wir uns vor der „kultur.werk.stadt" wieder. Vor deren Eingang steht ein sehenswerter Reliefstadtplan. Ein Blick in das Kulturzentrum lohnt sich, denn die Bildungsstätte zur einstigen innerdeutschen Grenze ist hier beheimatet. Nach der Besichtigung folgen wir der Bahnhofsstraße den Hügel hinab bis zur Abbiegung in die Friedrich-Ebert-Straße, gegenüber liegt unser nächstes Motiv.

◂ *Aufnahme aus den späten 1910er-Jahren.*

Die Post schließt

Aufnahme aus den späten 1940er-Jahren.

Wie oft man diese Artikel-Überschrift als Neustadter schon in den Lokalzeitungen gelesen hat, ist unklar, doch jeder Generation begegnet sie mindestens einmal: „Die Post schließt“. Nur, um dann an anderer Stelle neu zu öffnen. Dieses Übel nahm mit dem Haus vor uns sicher nicht einmal seinen Anfang, ist es doch erst in der Zeit der Industrialisierung gebaut worden. Nicht weit von hier, unten an der Bahnhofsstraße, steht die nächste ehemalige Postfiliale: ein großes gelbes Gebäude von vor der Jahrtausendwende. Dieses wurde im Millenniumsjahrzehnt zugunsten eines Neubaus in der Ernststraße aufgegeben, der auch über Angebote der Postbank verfügte. Mit Langlebigkeit war aber auch diese Geschäftsstelle nicht gesegnet. Sie schloss in den späten 2010er-Jahren nach nicht einmal 15 Betriebsjahren wieder – um kurz darauf über einen Subunternehmer im Souterrain dieses Neubaus abermals neu zu

eröffnen – welches kurz nach dem Jahr 2022 den nächsten Pächterwechsel erlebte. Erneut war die Befürchtung: „Die Post schließt!" Es bleibt inzwischen nur die Frage: Wie lang geht das wohl diesmal gut? Eine positive Entwicklung ist immerhin, dass auch viele der Supermärkte Post entgegennehmen.

Weiter geht unsere Wanderung! Wir gehen die Bahnhofsstraße hinab und queren die Röden. Der Hauptstraße links herum folgend stoßen wir bald auf die Seniorenwohneinrichtung des Arbeiter-Samariter-Bundes. Ihr gegenüber liegt eine Haarnadelkurve am Berg, in die wir rechts einbiegen – der Fotopunkt ist dabei nicht zu übersehen: das alte Haus „Jägersruh".

Die alte „Jägersruh“

Aufnahme aus den 1950er-Jahren.

Die „Jägersruh“ hat eine glanzvolle, wechselhafte Vergangenheit. Ihr Name deutet bereits ihre ursprüngliche Bestimmung an: als Ruheort für Jäger. So hatte die „Jägersruh“ neben gastronomischen Angeboten auch einen Schießstand. Da die Jagd über die Jahre zurückging und sich die Schießkunst eher durch andere Schützengesellschaften der Bürgerschaft öffnete, wurde der Schießstand letztlich obsolet. Die „Jägersruh“ hingegen war ein beliebter Ort für Gesellschaften geworden. So wurde ihre Schießhalle um die Jahrhundertwende zu einem großen Tanzsaal ausgebaut. Beliebt waren sie, die Tanzveranstaltungen, Bälle und Feiern der „Jägersruh“. Doch auch der Tanz wurde als gesellschaftliches Ereignis irgendwann durch andere Attraktionen abgelöst. Das Haus verlor so Schritt für Schritt seine wirtschaftliche Grundlage. Der Saal wurde zuletzt im jungen Millenniumsjahrzehnt für die

Tanzkurse der Schulabschlussklassen genutzt. 2023 liegt das Gebäude seit nunmehr 10 Jahren brach. Seine Zukunft ist ungewiss. Sicher ist nur, dass die Spuren seines Verfalls immer sichtbarer werden.

Das nächste Ziel befindet sich am Muppberg. Unser Weg führt uns die Bergstraße hinauf in die Birkleite, über die wir die Obere Birkleite erreichen. Zwar sind die Birken des einstigen Aussichtspunktes nicht mehr hier, aber mit jedem Schritt in die Höhe wird der Blick auf die Stadt besser. Die Obere Birkleite wird in ihrer langgezogenen Rechtskurve nach links in den Wald hinein verlassen. Auf dem Waldweg halten wir uns geradeaus und kommen so direkt zum „Wasserwerk".

Das Wasserwerk

Aufnahme aus den 1920er-Jahren.

Bei dem „Wasserwerk“ handelt es sich nicht wirklich um das, was man sonst darunter versteht, es ist also keine Anlage zur Aufbereitung von Trinkwasser. Das mit zwei klassizistischen Säulen verzierte Gebäude war schlichtweg ein Hochbehälter für Trinkwasser, das aus dem Muppberg kam oder hierher hochgepumpt wurde. Das Neustadter Trinkwasser ist beinahe frei von Kalk und damit sehr weich, man kann es ohne Probleme direkt aus dem Wasserhahn trinken. Der alte Bau hat seine besten Tage schon lang hinter sich gelassen und seine Türen verloren. Sein Nachfolger, der neue Wasserhochbehälter, steht auf der Südseite des Berges. Die unter Denkmalschutz stehende Struktur vor uns kann man betreten, doch außer kahlen Wänden und einer Treppe, die zu einem zugemauerten Durchgang führt, besteht hier nichts mehr. Eine Zeit lang gab es Gerüchte über einen verlassenen Bunker hinter der Wand,

die jedoch nicht mehr als urbane Legenden darstellten. Sie wurden wohl von Jugendlichen gestreut. Dabei knüpften sie an andere Gerüchte von Räuber- oder gar Schatzhöhlen an, die immer wieder im Umlauf waren.

Zur nächsten Station folgen wir dem Hauptweg den Berg hinauf. Kurze Abstecher zum Neustadter Brunnen oder dem Rädleinsstein sind dabei mögliche Umwege. Dass die Wege sich in einem allgemein sehr guten Zustand befinden, ist übrigens kein Zufall. Der Verein Bergfreunde 70 e.V. hat sich ganz der Pflege des Muppbergs verschrieben. Sobald wir nach einem etwas längeren Marsch an der Bergspitze einen Turm mit naher Blockhütte entdecken, sind wir da.

Auf dem Muppberg

Aufnahme von 1956.

Wir sind auf der Spitze des Neustadter Hausberges angekommen. Hier erwarten uns gleich zwei Höhepunkte unserer historischen Reise: die 1926 erbaute Arnoldhütte, benannt nach Max Oscar Arnold, und der Prinzregententurm. Die Arnoldhütte war zunächst eine reine Schutzhütte, bis sie in den 1930er-Jahren zu einer Ausflugsgaststätte ausgebaut wurde. Heute lädt sie in ihr uriges Ambiente, das durch den in den 1980er-Jahren erbauten Steinkamin betont wird, zur lokalen Brotzeit oder Neustadter Bratwurst ein. Der Besuch der Hütte ist ohnehin unerlässlich, verleiht doch der Wirt den Schlüssel für den Prinzregententurm. Dieser steinerne Aussichtsturm wurde auf Anregung von M.O. Arnold zur Ehre des Coburger Prinzregenten Ernst zu Hohenlohe-Langenburg Anfang des 20. Jahrhunderts errichtet und 1905 feierlich eingeweiht. Die Reliefs über dem Turmeingang zeigen heute noch die Porträts des Prinzregenten sowie von Herzog Ernst II., Herzog Alfred und Herzog Carl Eduard. Der

28 Meter hohe Turm ist der Hauptblickpunkt über der Stadt, aber in dieser Funktion hatte er wohl bereits einen Vorgänger. Es heißt, dass einst eine Befestigung auf dem Muppberg stand. 2023 starteten hierzu erneut Ausgrabungen, die hoffentlich Aufschluss über die Vergangenheit des Berges geben. Vielleicht waren es am Ende gar Kelten, die hier einst ein Oppidum wie auf dem Staffelberg oder dem Kleinen Gleichberg errichtet hatten.

Frisch gestärkt (und mit dem Schlüssel) erklimmen wir jetzt Neustadts höchsten Punkt, die Aussichtsplattform des Prinzregententurmes.

Blick auf das Freizeitzentrum

Aufnahme von 1975.

Geschafft! Die Stufen den Turm hinauf sind überwunden. Der Lohn ist eine Aussicht, die von Gottes Garten im Süden bis hin zum Blessberg reicht. Die Markierungen am Außengeländer zeigen, was man in welcher Richtung entdecken kann.

Dank der einmaligen Aussicht ist ebenso ein guter Blick darauf möglich, wie sich die Stadt immer weiter ausgebreitet hat. Beispielhaft ist dieser Wachstumsprozess schon am Moos-Viertel, das in westlicher Blickrichtung liegt, betrachtet worden. Neben seinen weißen Hochhäusern erkennt man sehr gut das Freizeitzentrum, den im Volksmund so bezeichneten Familienpark Neustadts. Dieser wurde 1976 nach einem Jahr Bauzeit fertiggestellt, jedoch erhielt er seine heutige Form erst später zur Kleinen Landesgartenschau 1999. Leider mussten dabei der alte Verkehrsübungsplatz und die in die Jahre gekommene Minigolfanlage wei-

chen. Die wunderschöne Gesamtanlage, die offiziell nach der Partnerstadt Villeneuve-sur-Lot benannt ist, richtet ihr Angebot mit Gastronomie, Spielplätzen, Erholungsgärten sowie einer Vielzahl von Outdoor-Sportanlagen – vom Skatepark bis hin zum Volleyballfeld – primär an Familien, Kinder und Jugendliche.

Nach dieser Betrachtung steigen wir den Turm wieder hinab. Nicht vergessen: Der Turmschlüssel soll wieder in die Arnoldhütte! Links an dieser vorbei führt der sogenannte Reitweg ins Tal. Seinem steilen Abstieg folgen wir bis zu einem Pavillon in einer scharfen Rechtskurve. Diese nehmen wir und wandern nun den breiten Schotterweg hinab bis zum Biergarten des Gasthauses „Grüntal".

Das Grüntal

Aufnahme aus den 1910er-Jahren.

Das Grüntal, ein Begriff mit vielen Bedeutungen! Beginnen wir bei der offensichtlichsten: der Traditionsgaststätte „Grüntal". Mit einem lauschigen Biergarten direkt am Bergesrand gelegen erfrischt sie müde Wandersleut'.

Wobei … Ist nicht das Haus an sich noch offensichtlicher? Das Gebäude wird nämlich, unabhängig von der vorhandenen Gastronomie, ebenso als Grüntal bezeichnet. Obgleich 2023 die Biergartenmauer saniert wurde, stammt das Anwesen selbst aus dem Jahr 1909. Schon damals diente es der Geselligkeit, war das Grüntal doch ein Gesellschaftshaus der Grünt(h)al-Gesellschaft. Diese trägt die dritte Bedeutung des Namens Grüntal: Die so benannte Gesellschaft ist ein historischer Verein aus dem Jahr 1819 und 2023 immer noch im Vereinsregister eingetragen. Von Adel bis zu Industriellen gab sich in ihm die hohe Gesellschaft die Klinke in die Hand. Die Vorsitzenden waren entsprechend Personen von Rang und Namen, wie unter anderen M.O. Arnold.

Der Name Grüntal ist in einer weiteren Bedeutung umgangssprachlich auf die hiesige Anhöhe bezogen. Wenn sich die Frage stellt, von welcher Seite aus der Muppberg erklommen werden soll, so ist „beim Grüntal nauf“ die typischste Antwort, die man zu hören bekommt.

Aber nun verlassen wir das Grüntal über den Hermann-Löns-Weg etwa 20 Meter weit hinab. Auf der Bergseite tut sich ein kleiner Pfad zwischen den Bäumen auf, den wir nutzen. Nach nur wenigen Schritten wird der Blick frei auf den Schützenplatz, unser Ziel.

Das Kinnofest – Teil 2

Aufnahme von 1937.

Das Neustadter Kinderfest endet keineswegs mit dem jährlichen, farbenfrohen Umzug der Kinder durch die Straßen der Stadt! Jahr für Jahr folgen weitere traditionsreiche Programmpunkte, direkt nach dem Umzug, auf dem Schützenplatz. Hier kommen die Neustadter zusammen, um das sportliche Kräftemessen der Schuljungen, die Freisportübungen der Mädchen und den Neustadter Rutscher zu sehen – typisch ist auch der Besuch ehemaliger Neustadter, die die Gelegenheit nutzen, Freunde und Familie zu besuchen und zu betrachten, wie neue Generationen die gleichen Spiele und Tänze absolvieren wie einst sie selbst.

Die älteste Tradition dabei hat wohl der Rutscher – nicht zu verwechseln mit den Coburger Rutschern, denn das sind Kartoffelklöße. Der Neustadter Rutscher ist ein Tanz, den die

Buben und Mädchen der dritten und vierten (selten auch fünften) Klassen aufführen. Nach den sportlichen Darbietungen hüpfen sie Jahr für Jahr zu dem Lied „Ponypferdchen" auf den Schützenplatz, bevor die Musik lautstark tönt: „Rutsch hi, rutsch haa!"

Nach so viel Fest-Information wandern wir zu unserem nächsten Zielort den Herrmann-Löns-Weg und die Schützenstraße hinab. An der Ecke zur Eduardstraße, in die es einzubiegen gilt, grüßt bereits der „Malo Schulz" (Maler Schulz): die Statue eines beliebten Neustadter Originals. Nun geht es geradeaus weiter, über die Kreuzung zur Heubischer Straße hinweg bis zu einem der wenigen Hochhäuser der Stadt. Hier wenden wir uns noch einmal um und blicken auf den zurückgelegten Weg.

Durch Eckardt- und Eduardstraße

Aufnahme aus den 1960er-Jahren.

Die beiden Straßen mögen baulich nicht besonders interessant sein, jedoch sind es ihre Namensgeber. Ein Bürgermeister, Friedrich Eckardt, und ein Adliger, Carl Eduard von Sachsen-Coburg und Gotha, stehen sich hier gegenüber. Wir betrachten die beiden etwas genauer.

Die Benennung der Eckardtstraße fand 1898 als posthume Ehrung des Bürgermeisters statt, der sich 24 Jahre lang um seine Geburtsstadt gekümmert hat. Anders verhält es sich mit der Eduardstraße. Dem Herzog wurde die Ehre schon im Alter von 17 Jahren, vor Regentschaftsantritt, zuteil. Man könnte hier also von Vorschusslorbeeren sprechen.

Eigenartig ist dabei, dass eine Debatte, ob der Name Eduardstraße noch zeitgemäß ist, bisher ausblieb. Carl Eduard, der 1918 abdanken musste, war dem Nationalsozialismus bereits

in dessen Anfängen zugetan. Vermutlich sah der ehemalige Herzog eine Karrierechance beim aufstrebenden Hitler, den er 1921 in Coburg kennenlernte. Seine Anwesenheit machte den späteren Diktator ebendort salonfähig, wodurch Coburg die erste braune Stadt Deutschlands wurde. Doch am Ende war es Hitler, der „seinen Herzog" ausnutzte. Als Präsident des Deutschen Roten Kreuzes durfte Carl Eduard im Ausland für das „Dritte Reich" den friedlichen Diplomaten spielen. Nach dem Krieg wurde er dennoch lediglich als Mitläufer zu einer Geldstrafe verurteilt. Er ist seither in eher unangenehmer Erinnerung.

Zeit für angenehmere Themen: Die Wanderung geht weiter. Wir folgen dem Straßenlauf geradeaus bis zum Puppenmuseum – wie wäre es mit einem Besuch?

Das Trachten- und Puppenmuseum

Aufnahme von 1972.

Ein Besuch in einem Puppenmuseum? Ist das nicht nur etwas für Mädchen? Mitnichten, selbst der eifrigste Freund veralteter Rollenbilder wird im Neustadter Puppenmuseum viel zu sehen bekommen! Behandelt werden hier nicht nur einfach Puppen als Spielzeug für die Jüngsten, sondern es geht vor allem um ihre historische Herstellung, deren Zentrum einst in Neustadt lag. Das jährliche Internationale Puppenfestival erinnert hier heute noch an diese Vergangenheit, die Lohn und Brot in die Häuser der Arbeiterschaft brachte. Im Museum werden viele damit zusammenhängende Berufe, die es früher gab, in kleinen Werkstattdioramen vorgestellt. Nicht selten waren das typische Männerberufe. Ein besonderes Highlight verbirgt sich auch im Keller der Einrichtung: Der Weihnachtsmann selbst soll hier eine Werkstatt bezogen haben: sehenswert, nicht nur für Kinder. Eine zweite Dauer-

ausstellung der musealen Sammlung behandelt die heimische Trachtenmode. Dem Besucher wird schnell bewusst, dass die Neustadter Trachten nur sehr wenig mit Krachledernen und Dirndln zu tun haben, auch wenn diese heute auf Volksfesten gang und gäbe sind. Der offizielle, aber sehr selten genutzte Name des Museums ist übrigens „Museum der Deutschen Spielzeugindustrie“ – einfach als „Puppenmuseum“ benannt ist es hingegen jedem Neustadter ein Begriff.

Nach dem lehrreichen Besuch führt unsere Wanderroute die Kantstraße hinunter. Über die Au-Kreuzung geht es in die Mühlenstraße, der wir bis hinter die Rödenbrücke folgen. Der Blick zurück fällt auf das folgende Motiv.

Über die Mühlenbrücke

Aufnahme aus den 1960er-Jahren.

Die 2003 komplett erneuerte Mühlenbrücke ist die südliche Hauptbrücke der Kernstadt Neustadts über den Fluss Röden. Der Name der Brücke sowie der querenden Mühlenstraße leitet sich von einem ehemaligen außergewöhnlichen Gebäude an dieser Stelle ab. Hier an der Mühlenstraße 15 stand bis 1937 die bekannte Brennersmühle, die nicht nur 400 Jahre Zeitensturm, sondern auch die beiden Stadtbrände überstanden hatte. Sie diente als Mahlmühle für Getreide, Schneidemühle für Holz und sogar als Kriegsversteck für wertvolle Güter sowie Menschen. Die ausgefeilte Mühle besaß nämlich einen Geheimraum in den oberen Etagen, der nur vom Dachboden aus zugänglich war.

Die Mühle war zudem namensgebend für das Gasthaus in der Mühlenstraße 11, das sich „Zur Mühlenbrücke" nannte. Seit den 2010er-Jahren ist diese einstmalige Institution leider geschlossen. 2023 erinnert nur noch das Schild an dem roten Backsteingebäude an sie.

Damit reiht sich die Wirtschaft in ein generelles Gasthaussterben in der Region ein, das in den 2010er-Jahren beginnend vor allem Häuser mit deutscher Küche traf und sich seit der Corona-Krise der jungen 2020er-Jahre allgemein fortsetzte. Die Gründe hierfür sind vielfältig: Von einer allgemeinen Änderung des Geschmacks der Gäste über so manchen Renteneintritt bis hin zu einem massiven Personalmangel in der Gastrobranche, beinahe alles ist dabei.

Wir folgen nun der Straße ein paar Meter weiter, denn der nächste Fotopunkt liegt bereits direkt über der Straße: die Angergärten.

Kleines Grün: die Angergärten

Aufnahme aus den 1960er-Jahren.

Das Gebiet des früheren Angers, einer Feuchtwiese vor dem Ort, wurde in Neustadt wohl erst in den 1970er-Jahren so recht erschlossen. Die Stadt breitete sich zu dieser Zeit immer weiter aus, sodass Platz für Wohnungen sowie Grünanlagen geschaffen werden musste. Die Angergärten schauen dabei auf die Tradition der Schrebergärten zurück, die hundert Jahre älter ist als die Grünanlage. Die Gartennutzung, gesetzlich geregelt, sieht vor, dass mindestens ein Drittel der Fläche als Anbaufläche dient. Der gärtnerische Anbau ist also ein essenzieller Zweck einer Parzelle. Näheres wird zudem in den jeweiligen Gartenvereinsordnungen geregelt. Diese Anlagen haben deshalb oft einen etwas altmodischen, typisch deutschen Ruf – ein Vorurteil, das den Vorzügen der Gärten nicht gerecht wird. So dienen sie nicht zuletzt als Erholungs- sowie Rückzugsort für die Menschen, die hier

im kleinen Grün ausspannen und die Natur genießen können. Ebenso profitieren Kinder enorm, wenn sie in der Gartenanlage nicht nur zum Beispiel eine eigene Schaukel, sondern auch Freunde in den Nachbarparzellen finden. Der Kleingarten wie hier auf unseren Angerwiesen ist ein Kulturgut, weshalb er in Großstädten, gerade bei jungen Leuten, wieder sehr an Beliebtheit zulegt.

Lasst uns weiterwandern! An der nahen Ampelkreuzung überqueren wir die Coburger Straße und biegen links in diese ab. Wir folgen der Straße nun bis zu einer überdachten Sitzgruppe für Wanderer auf der rechten Straßenseite vor dem Bahnübergang. Hier werfen wir einen Blick zurück.

Die Coburger Straße

Aufnahme aus den späten 1940er-Jahren.

Der Coburger Straße sind wir schon begegnet und doch kreuzt sie immer wieder unseren Weg. Wie ihr Name zeigt, ist sie die Hauptverkehrsader nach Coburg. Im Hochbau sagt man, dass Städte nach hundert Jahren nicht wiederzuerkennen, doch Straßenläufe ewig sind. Das gilt selbstverständlich auch für den Lauf der Coburger Straße, der sich nie sehr geändert hat. Ihren Anfang nimmt sie am Alexandrinenplatz, gelegen am Rand der mittelalterlichen Neustadt. Die Bebauung der Straße wuchs über die Jahrhunderte mit der Stadt. Sie abzuwandern kommt daher einer baulichen Zeitreise gleich. Die alte Bahnbrücke, die 2017 abgerissen wurde, ist jedoch kein Teil mehr davon. Über sie fuhren seit dem Kaiserreich die Güterzüge in das Industrieviertel Süd sowie später Personenzüge auf der Ost-Strecke nach Ebersdorf bei Coburg. Der Personenverkehr wurde ab den 1980er-Jahren nach und nach aufgegeben. Als

stille Zeugen dieser Bahnhistorie existieren neben Teilen der Trasse, auf denen inzwischen Radwege verlaufen, noch einige Bahnhofsstraßen in den Orten, die die Züge früher auf ihrem Weg durch das östliche Coburger sowie das südliche Sonneberger Land passierten. Hierzu zählen unter anderem Heubisch und Wörlsdorf.

Setzen wir unseren Weg fort: Es gilt, der Coburger Straße über die Bahngleise zu folgen und dann immer geradeaus den Fahrradweg entlang zu schlendern. Dabei verlassen wir den Hauptort. Nach einem Teich kommen wir in Haarbrücken an. Sobald wir rechtsherum in den Ortsteil eingebogen sind, stehen wir am nächsten Fotopunkt.

Vom Dorf zum Vorort

Aufnahme von 1990.

Haarbrücken, das frühere Dorf an der sumpfigen Heide, hat sich im letzten Jahrhundert zu einem typischen Vorort entwickelt, in dem Ein- und Mehrfamilienhäuser das Bild prägen. Im Fotovergleich sieht man, wie das Grün seit der örtlichen Erweiterung gewachsen ist.

Der Bauboom in den 1960er-Jahren im Ort ist auf die damaligen Siemenswerke Neustadts zurückzuführen, die durch die Grenzlandförderung vielen Menschen eine gut bezahlte Arbeit boten. Ein Zeugnis hiervon ist der Siemensring in Haarbrücken, er war jedoch auch Zeuge des lokalen Niedergangs nach dem Abzug von Siemens in den 90er-Jahren. Vieles lag hier nach der Wende im Argen, doch konnte die weitblickende Sozialpolitik der Stadt die Dinge in den 2010er-Jahren wieder geraderücken. Durch ein baulich orientiertes Quartiersmanagement

vor Ort wurde das Viertel, insbesondere der Weg zur Grundschule Haarbrückens, mit seinen Bewohnern gemeinsam aufgewertet. Dabei wuchs die Gemeinschaft wieder zusammen, sodass der Ortsteil erneut durchgängig eine beliebte Wohngegend ist, in der Zusammenhalt großgeschrieben wird. Maßgeblich für den Erfolg war, dass die Anwohner mitbestimmen konnten und nicht einfach vor fertige Tatsachen gestellt worden sind.

Wir folgen nun der Straße Am Fischersteich bis zu ihrem Ende und gehen dort rechts herum den Hügel der Eigenheimstraße hinauf. Oben angekommen steigen wir den Brunnhügel hinab. An seinem Fuß geht es rechts herum nach Thann. Nach kurzer Zeit entdecken wir hinter zwei Teichen eine Dorffeuerwehr. Hinter ihr befindet sich unser nächstes Ziel.

Thanns alte Schule

Aufnahme aus den 1910er-Jahren.

Heute ist das Gebäude hinter dem Bolzplatz am Teich kaum noch als das, was es einst war, zu erkennen … Selbst die ehemaligen Nutzer dürften erst mal zögern, denn die alte Schule Thanns hat sich über die Jahre stark verändert. Links auf der historischen Ansicht als Schule zu sehen, ist sie heute ein einfaches Wohngebäude. Von 1862 bis 1961 hingegen gingen hier die Schüler ein und aus und lernten zu lesen, zu schreiben und zu rechnen.

Inzwischen besuchen die Thanner Kinder die Grundschule in Haarbrücken. Dort bilden diese, das evangelische Gemeindehaus und der Kindergarten das Zentrum der beiden zusammengewachsenen Ortsteile, während es an den Thanner Teichen ruhig geworden ist. Einmal im Jahr, zum Sommeranfang, ändert sich das jedoch! Denn dann lädt das Thanner Dorffest auf die Wiese vor der alten Schule ein und belebt ein ganzes Wochenende lang den ehemaligen

Dorfkern. Dank traditioneller Speisen, selbstgemachter Kuchen, Fischbrötchen und allerhand Grillgut, bietet es den ausrichtenden örtlichen Vereinen eine schöne Gelegenheit, ihre Kassen aufzubessern. Es ist ein immer sehr gut besuchtes Fest, das mit der stets aufgebauten großen Hüpfburg auch für die Kleinsten viel Spaß bietet.

Hier, am alten Dorfkern, schlummert noch viel mehr! Wir gehen nun links um den Teich herum, sodass wir in etwa gegenüber dem Feuerwehrhaus stehen. Zwei Sackgassen führen den Hügel hinauf, die man auch für Einfahrten halten kann. Wir marschieren den linken der beiden Wege hinauf, wo in der folgenden Wegscheide sehr schnell das nächste Ziel zu finden ist.

Gastronomie vergangener Tage

Aufnahme aus den 1910er-Jahren.

Wir stehen am Rand eines Privatgrundstücks mit Doppelgarage und großem Wohnhaus. Ruhig, verschlossen und fern der Öffentlichkeit liegt es im dörflichen Idyll. Nur noch der Giebel hat dieselbe Form wie früher, als hier, in der Bierwirtschaft von Heinrich Roos, noch das Leben tobte. Das Gebäude ist Zeugnis einer anderen Lebenswelt. Während der Trend heute zu großen Biermarken geht, war es einst üblich, dass viele Orte eigene Brauereien in großer Zahl aufbieten konnten. Nicht selten brauten auch geschickte Bäcker selbst Bier, als Ergänzung ihres Angebotes. Wer wohl die Thanner Kneipe zur Kaiserzeit beliefert hat? In Frage kommen die drei ehemaligen heimischen Biermarken Neustadts: Das Geussen-Bräu (1820 bis 2002) mit dem Eisbären, das Putzen-Bräu (1860 bis 1977) mit seinem Wandersmann und das Werner-Bräu (1864 bis 1992), das den Prinzregententurm auf dem Bierdeckel trug. Es

sollte erst knapp 20 Jahre nach dem Ende vom „Geuss“ mit dem „Wamperling“ erneut Neustadter Bier geben.

Unsere Route geht nun zurück zum Teich, wo wir entlang der alten Schule in Richtung Wald wandern. Kurz hinter dem Waldeingang biegen wir rechtsherum ab und folgen dem Pfad, parallel zu den Feldern. Nach etwa fünf Minuten wird dabei eine Betonstraße gequert. Geradeaus findet sich drei Minuten später die nächste größere Waldwirtschaftsstraße. Hier wird rechts abgebogen und der Wald verlassen. Auf der Anhöhe lässt sich schon der Kindergarten erblicken. Vor dem nächsten kleinen Waldstück nutzen wir den Weg links, um zu ihm zu gelangen.

Der Ketschenbacher Kindergarten

Aufnahme von 1990.

Das Gebäude des Ketschenbacher Kindergartens hat eine wechselhaftere Geschichte, als man zunächst annehmen mag. Es wurde ursprünglich als Schule erbaut und von der Gemeinde Ketschenbach zwischen 1964 und 1984 auch als solche genutzt. Ab 1990 war dann der Kindergarten Muckenpfiffer hier zu Hause. Er wurde von der evangelischen Kirchengemeinde betrieben. 2013 zogen die Kinder jedoch in den vergrößerten Neubau des Haarbrückener Kindergartens um. Die geburtenschwachen Jahrgänge um die 2010er-Jahre herum machten den Kindergarten in Ketschenbach obsolet.

Eine neue temporäre Verwendung fand das Haus in der Flüchtlingskrise 2015, als Unterkunft für minderjährige, unbegleitete Flüchtlinge. Die Schutzsuchenden waren jedoch nur kurze Zeit am Ort. Als die Geburtenzahlen Ende der 2010er-Jahre wieder anstiegen, beschloss die Stadt Neustadt, dass das Gebäude nicht nur wieder hiesigen Kleinkindern ein Dach bieten, sondern auch vergrößert werden sollte.

2022 war es dann so weit. Nach einigen Verzögerungen in der Bauphase öffnete endlich der komplette Kindergarten Regenbogen in den alten Mauern, die durch einen flachen Anbau ergänzt worden waren. Insgesamt werden hier 80 Kinder in vier Gruppen auf ihr weiteres Leben vorbereitet.

Auch für uns geht's weiter: Wir wandern auf der Straße vom Kindergarten weg in den Ort hinein, wobei wir an der Hauptstraße, der Ketschenbacher Straße, links abbiegen. Dieser folgen wir bis zur Abbiegung in die Meilschnitzer Straße. Ihr gegenüber liegt unser nächster Fotopunkt: ein stattliches Wirtshaus.

Die erste Klößerei

Aufnahme aus den 1900er-Jahren.

Hunger? Durst? Gerade im Sommer ist man hier richtig. Der Biergarten auf der lauschigen Terrasse bietet Abkühlung und Genuss. Im alten Gasthaus „Lindenhof" liegt jedoch mehr verborgen. Vom alten Tanzsaal im hinteren Bereich des Hauses abgesehen, begann hier die Geschichte der Klößereien, die es heute häufig in der Gegend gibt. Dabei handelt es sich um Kloßküchen, die fertige Kartoffelklöße zur Abholung anbieten. Die Idee dazu kam von Hannes Muff, dem langjährigen „Lindenhof"-Wirt, etwa im Millenniumsjahrzehnt. Das obere Dorf Ketschenbachs überalterte damals sichtbar und Klöße selbst kochen ist für alte Menschen ein mühseliges Unterfangen. Doch auf die liebgewonnene Gewohnheit, zum Sonntagsbraten Neustadter Klöße zu verzehren, wollte natürlich niemand verzichten! Ein Glück für die

traditionell emsigen Hausfrauen, dass der Gasthof in ihrer Mitte damals schon die Möglichkeit anbot, sich am Hintereingang der Küche die gelben Lieblinge in einem mitgebrachten Topf abzuholen. Daraus schuf die kulinarische Tradition an dieser Stelle leckere Innovation.

Erfrischt verlassen wir den Ort, der Hauptstraße folgend, in Richtung Höhn. Die Straße hat keinen Bürgersteig, weshalb sie nur bedingt zum sicheren Aufstieg geeignet ist, und da es den Berg hinauf sonst nur schwierige Wanderwege gibt, ist zu empfehlen, hier auf ein Fahrzeug zurückzugreifen. Oben angekommen wird links nach Rüttmannsdorf abgebogen. Dort findet sich der nächste Stopp hinter der langen Rechtskurve, die am Ortseingang beginnt.

Unsere Bergdörfer

Aufnahme von 1984.

Rüttmannsdorf, Weimersdorf, Höhn und Brüx – die vier Dörfer auf der Hochebene der Berge im Westen Ketschenbachs bilden das, was man in Neustadt gemeinhin als Bergdörfer betitelt. Der Begriff ist dabei keineswegs geringschätzend, sondern ein Überbleibsel vergangener Tage. Denn Bergdorf war der Name der Gemeinde, den die vier Orte vor ihrer Eingemeindung nach Neustadt 1978 trugen. Er war von ihren Bürgern sogar selbst gewählt worden. Die Langlebigkeit des alten Namens ist bemerkenswert, da die Gemeinde Bergdorf erst 1968 geformt wurde und damit gerade mal zehn Jahre bestanden hat.

Die später Geborenen im Tal kennen den Namen vor allem aus der Grundschule. Nicht, weil die Bergdörfer dort intensiv im Heimat- und Sachkundeunterricht behandelt werden, sondern wegen des Schulbusses. Da neue ABC-Schützen üblicherweise noch nicht lesen kön-

nen, wurden die Ziele der Schulbusse stets durch die Hausmeister ausgerufen. „Ketschenbach und Bergdörfer, hier einsteigen!“, so hallt es noch durch die Erinnerungen der ehemaligen Grundschüler der Volksschulen Wildenheid und Haarbrücken.

Wir wollen die Dörfer weiter erkunden, hierzu folgen wir der Straße durch den Ort und nehmen an der Wegscheide die rechte Abbiegung, die uns zu einer Kreuzung zwischen den Feldern führt. Hier geht es rechtsherum die Straße entlang weiter nach Höhn. Dort angekommen folgen wir der Bergdorfstraße bis zur Ortsmitte, die durch unser Ziel, die Kreuzung mit der Höhner Straße, zu erkennen ist.

In Höhn

Aufnahme von 1992.

Erstmalig historisch genannt wurde Höhn 1340 als „Dorf zu dem Hain". Der Ortsname leitet sich also nicht von der Höhenlage ab, sondern entstand durch eine Lautverschiebung. Herzstück des Ortes und aller Bergdörfer ist die 1910 geweihte evangelisch-lutherische Bergkirche. Besonders sehenswert in ihr ist ein Buntglasfenster, in dem sich der Coburger Herzog Carl Eduard als Ritter hat verewigen lassen. Zu einer größeren Bedeutung kam der heute eher unscheinbare sakrale Bau in der Zeit des Kalten Krieges. Zur Weihnachtszeit wurde ein leuchtender Stern am 16 Meter hohen Kirchturm befestigt, der nach Thüringen ausgerichtet war. Er sollte all jenen Hoffnung spenden, die in den grenznahen Thüringer Orten hinter dem Eisernen Vorhang festsaßen. Die Staatsoberen der DDR begegneten solchen grüßenden Gesten oft damit, dass sie Fenster mit Blick in den Westen schlicht zumau-

ern ließen. Ein relativ harmloses Vorgehen, vergleicht man es mit den auch in der DDR angewendeten Zwangsumsiedlungsmaßnahmen (z.B. Aktion „Kornblume"), die Tausenden ihre Heimat raubten.

Da das hiesige Wirtshaus leider schon länger geschlossen ist, verlassen wir Höhn rechts an diesem vorbei nach Brüx, welches wir entlang seiner Hauptstraße durchqueren. Hinter dem Ort beginnt der Wald, der uns den Berg hinab begleitet. Hier kommt man nur mit festem Schuhwerk weiter. Da sich die Waldwege gelegentlich ändern, sollte man für diesen Abschnitt eine App oder aktuelle Karte nutzen. In der Ortsmitte von Meilschnitz, unserem nächsten Ziel, lädt am Dorfteich eine Bank zur Rast ein.

Zurück im Tal

Aufnahme von 1992.

Von unserer kleinen Sitzgruppe aus hat man einen tollen Blick über den Dorfteich, der hier schon über 150 Jahre lang liegt. Als er angelegt wurde, war man hier jedoch nicht in der Dorfmitte, sondern am Ortsrand. Die Meilschnitzer Häuser standen anfänglich von hier aus nur in Richtung Sonneberg an der Edgar-Müller-Straße. Die anderen Straßenzüge kamen erst nach und nach hinzu. So auch das Neubaugebiet an der Effelder Straße, hinter dem Teich. Dieses entstand erst nach der Wende, nachdem die Straße über 40 Jahre lang gerade mal zu einem Sandbruch am Rand der Berge und zum sogenannten Krummen Stein geführt hatte. Dieser markante Findling im Wald markierte einst die Grenze zwischen den thüringisch-sächsischen Fürstentümern sowie später die Grenze zwischen Ost- und Westdeutschland – wobei die DDR-Panzerstreifen diese Markierung zeitweise obsolet machten.

Noch etwas fällt dem genauen Beobachter hier am Dorfteich auf: Die Wiese neben dem Gewässer ist kurz gehalten. Woran das liegt? Im Sommer findet hier das beliebte Dorffest statt. Dank der guten Anbindung an das Radwegenetz lässt es sich super mit dem Zweirad besuchen. Hier warten Live-Musik, zünftige Speisen und natürlich diverse Kuchen auf die Gäste.

Nach dieser Betrachtung verlassen wir Meilschnitz über die Edgar-Müller-Straße in Richtung Neustadt. Wir folgen dem Radweg bis zur Abzweigung nach Wildenheid, in die es einzubiegen gilt. Jetzt heißt es nur noch geradeaus, bis die Gehrenstraße komplett durchquert ist. An ihrem Ende liegt unser nächstes Ziel: der Waldfriedensee.

Lasst uns Boot fahren!

Aufnahme von 1935.

Erneut stehen wir am Rand eines Teiches. Der Waldfriedensee, ein künstlich angelegtes Gewässer hier im Ortsteil Wildenheid, ist knapp 600 Jahre alt und diente ursprünglich zur Fischzucht sowie zum Tränken der Schafherden. Auf alten Landkarten ist der See daher als Großer Schafsteich bezeichnet.

Ab dem 20. Jahrhundert wurde die Wasserfläche immer mehr zur Freizeitgestaltung genutzt. Sogar eine Gruppe der Wasserwacht übte hier regelmäßig für ihre Einsätze. Vom touristischen Leben ist heute noch einiges übrig. Das große Gasthaus hat zwar nicht mehr so ausgedehnt offen wie einst, aber es empfängt weiterhin als urige Bierstube seine Gäste von nah und fern. Der Wochenendausflug zum See bietet eine besondere Attraktion: Bootfahren. Wie früher können Ruderboote für eine spritzige Runde ausgeliehen werden. Die ursprüng-

liche Flaniermeile ist hingegen eher ruhig geworden, von der sommerlichen Nutzung für das örtliche Schützenfest mal abgesehen. Bei ihm erwarten die Besucher freilich Neustadter Bratwürste, Fahrgeschäfte und einige Buden zur kurzweiligen Unterhaltung. Auch Wildenheid ist sehr gut mit Wanderwegen erschlossen. Der Weg dorthin lohnt sich insbesondere mit dem Fahrrad, denn gerade von der Innenstadt aus hat man eine herrliche Strecke naturnah an der Röden entlang durch die Auen konzipiert.

Unser kleiner Trip geht indessen weiter. Vom Waldfriedensee aus ist es ein Katzensprung bis zum nächsten Fotopunkt. Der Seestraße in die Ortsmitte folgend geht es nach links in die Friedensstraße. Dieser wird bis zur Friedenskirche nachgegangen.

Das Bollwerk Friedenskirche

Aufnahme von 1960.

Wir stehen vor der Wildenheider Friedenskirche. Sie ist ein gerade für eine Kirche recht junges Bauwerk. Fertiggestellt und geweiht wurde sie erst 1955. Ihre größte Besonderheit ist, dass sie 47 Schwesterkirchen hat, die alle in einer ähnlichen Lage stehen – nämlich nahe der ehemaligen innerdeutschen Grenze. Die insgesamt 48 Kirchen, gesponsert vom Wooden Church Crusade der Kirchen-Ökumene der USA, stellten einen geistigen Schutzwall gegen den atheistischen Kommunismus dar. Generell ist der Einsatz der Kirchen für Freiheit im Kalten Krieg bemerkenswert. Boten Kirchengebäude wie dieses eher einen symbolischen Schutz, so stellten sie in der DDR bis zur Wende tatsächlich geschützten Raum für Forderungen nach Veränderung, Reformen und Freiheit. Heute leiden die Kirchen unter Mitglieder-

schwund, der auch selbst verursacht ist. Dennoch sollte ihre Gemeinde schaffende Wirkung nicht in Vergessenheit geraten.

Um den nächsten Zielort zu erreichen, wird die Friedensstraße wieder zur Seestraße hin verlassen. Linksherum folgen wir der kurvigen Hauptstraße über die Röden bis zur Grundschule. Ihr gegenüber liegt die Hutstraße, die wir entlangwandern. Von ihr aus kommen wir durch das Schottenholz bis vor die Nachbarstadt Sonneberg. Hier geht es wieder in Richtung Neustadt am Fahrradweg der Hauptstraße entlang. Nach wenigen Metern erwartet uns an einer Bankgruppe ein großes Schild mit Informationen zur innerdeutschen Grenze.

Das Ende der Welt

Aufnahme von 1984.

Das Ende der Welt ist hier zwar nicht, nicht mehr, aber im Kalten Krieg war es das. Während dieser Epoche war es unmöglich, hier weiterzugehen oder gar nach Sonneberg durchzuwandern. Minenfelder, Schussanlagen, Wachtürme, scharfe Hunde und die Nationale Volksarmee der Deutschen Demokratischen Republik hätten uns aufgehalten.

Das Filmdrama „Himmel ohne Sterne" behandelt diese Situation der Teilung in den 1950er-Jahren und führt heute lebhaft vor Augen, welche Bedeutung es für den Alltag der Menschen hatte, im Schatten des Eisernen Vorhanges zu leben.

Hier an der Gebrannten Brücke wurde die ehemalige unmenschliche Grenze jedoch auch wieder leicht passierbar gemacht. Am 1. Juli 1990 unterzeichneten an diesem Ort Peter-Michael Diestel, der letzte Innenminister der DDR, und Wolfgang Schäuble, der damalige

Innenminister der BRD, den Vertrag zur Abschaffung der innerdeutschen Grenzkontrollen – ein wichtiger Schritt zur Wiedervereinigung. Praktisch hingegen gab es danach noch viel zu tun, denn die alte Grenzbarriere musste geräumt werden. Vor allem die Minen, die manchmal durch Schwemmwasser versetzt worden waren, verunsicherten viele bis in die Mitte der 90er-Jahre.

Zu unserem nächsten Ziel folgen wir dem Mühlweg und dem Fahrradweg daneben, die parallel zur ehemaligen Grenze verlaufen und uns in die Ortsmitte des kleinen Stadtteiles Ebersdorf führen. Man erkennt sie an der Bushaltestelle, dem Feuerwehrhaus und einem kleinen Brunnen.

In Ebersdorf

Aufnahme von 1992.

Ebersdorf – oder Ebersdorf bei Neustadt, denn der Name des Ortes ist alles andere als einmalig oder selten – liegt auf der Sonnenseite des Muppbergs und ist ein idyllisches Dörflein am Wegesrand. Ursache für die ruhige Lage ist die Neustadter Umgehungsstraße, die um 2004 fertiggestellt wurde. Doch auch zuvor floss der Hauptverkehr nicht durch den Ort, sondern durch das Neustadter Zentrum.

Historisch ist Ebersdorf durch die Agrarwirtschaft und durch die Produktionsleistungen der früheren Mühlen geprägt worden. Sie wurden vor allem durch die Steinach angetrieben, die seit jeher eine natürliche Grenze zu Thüringen darstellt. Die Mühlen mahlten nicht nur Getreide für das tägliche Brot, sie stellten auch die Masse für Puppenköpfe her oder für Porzellan zum Verkauf in Richtung Kronach. Neustadt selbst ist und war zwar keine Porzel-

lanstadt, aber das fränkische und thüringische Umland ist eine historische Porzellanregion. Die meisten der alten Produktionsstätten liegen heute bedauerlicherweise brach oder sind gar zu Industrieruinen verkommen, aber das ist eine andere Geschichte. Die Steinach wurde von 1949 bis 1989 als Barriere genutzt. Bei Ebersdorf führen noch die ehemaligen Grenzwachtwege durch die Auenlandschaft des Flusses.

Wir wandern weiter an der Hauptstraße entlang aus dem Stadtteil hinaus. Dabei passieren wir ein kleines Waldstück des Muppberges und kommen zu einer der ehemaligen Mühlen, der „Bergmühle".

Grenzausflug zur „Bergmühle“

Aufnahme von 1990.

Die „Bergmühle“ lag zur Zeit des Kalten Krieges direkt an der innerdeutschen Grenze, so nah, dass das eigentliche Mühlengebäude durch die DDR-Grenzer abgerissen wurde. Das Gasthaus, ein Nebengebäude der abgegangenen Mühle, konnte auf westlichem Boden bestehen bleiben. Von dort aus bot sich ein Ausblick auf die Grenzanlagen, was es zu einem recht beliebten Ausflugsziel machte. Besonders aus der näheren Umgebung des Coburger Landes waren auch Schulexkursionen zur „Bergmühle“ üblich. Die Kinder wurden hier didaktisch damit konfrontiert, was es mit der für sie gewohnten Grenzanlage auf sich hatte. Für die nach dem Zweiten Weltkrieg Geborenen war es normal, dass die Welt hier endete. Die vorher Geborenen erlebten wohl den wahren Schrecken der grausamen Grenze, die ihr freundschaftliches Band in die Nachbarortschaften zerriss.

Leider schloss die „Bergmühle“ im frühen Millenniumsjahrzehnt nach weit über hundert Jahren der Gastfreundlichkeit ihre Türen. Glücklicherweise wird sie immerhin noch baulich erhalten.

Der nächste Fotoort ist ein ganzes Stück entfernt. Die Wanderstiefel sitzen hoffentlich gut! Wir folgen dem Fahrradweg durch die Straßenunterführung nach Süden in den Ort Heubisch – ein Gemeindeteil von Föritztal im Sonneberger Land. An der schönen Steinach entlang geht es durch den Ort Muppberg bis nach Fürth am Berg. Dort angekommen stehen wir, in einer abknickenden Vorfahrtsstraße, vor dem ehemaligen „Grenzgasthof“.

Die Grenze bei Fürth

Aufnahme von 1985.

Wie die „Bergmühle" ist der „Grenzgasthof" heute geschlossen. Er ist ebenso Zeuge der innerdeutschen Grenze, deren Nähe auch für den Stadtteil Fürth am Berg prägend war. Dennoch kann sich der Ort glücklich schätzen, denn so grenznah stand es sich nur auf der Westseite des Eisernen Vorhanges relativ gut. Obwohl durchaus tragische Zwischenfälle, wie der traurige Tod eines Bauern durch eine angeschwemmte Plastikmine, dokumentiert sind.

Würde man der Liebauer Straße, auf der wir stehen, geradeaus in Richtung Mitwitz folgen, so wäre man vor der deutschen Teilung in das Dorf Liebau gekommen. Dieses lag in landschaftlich gleicher Lage wie Fürth, nur eben auf der Thüringer Seite der Grenze. Damit war es ein Dorn im Auge der Machthaber der sozialistischen DDR. Die Dorfbewohner aber ahnten schon 1952, was das für sie bedeuten würde. Kurz vor der Grenzabriegelung flohen die Lieb-

auer geschlossen nach Bayern und entgingen einem Schicksal, das sowohl von Zwangsumsiedlung als auch anderer staatlicher Repression bestimmt gewesen wäre. Der hohe Preis der Freiheit war ihre Heimat. Liebau wurde 1975 dem Erdboden gleichgemacht. Hieran erinnert heute ein Gedenkstein am einstigen Dorfplatz.

Statt dorthin bewegen wir uns die Straße Allee entlang in den Fürther Ortskern. Dabei passieren wir die Steinach und die Hauptstraße, um der Henneberger Straße aus dem Ort hinaus zu folgen. Über den flachen Hügel hinweg lässt sich Unterwasungen erblicken. Durch die Lindenallee betreten wir das Dorf und wandern in seine Mitte. Hier, am Feuerwehrhäuschen, liegt unser nächstes Motiv.

Die Feuerwehr im Ort

Die Freiwillige Feuerwehr: Sie steht selbst in kleinsten Orten rund um die Uhr zum Einsatz bereit. Das ist im Neustadter Stadtgebiet ebenso der Fall wie im ganzen deutschsprachigen Raum. Das System „Freiwillige Feuerwehr" ist eben typisch deutsch. Die als Vereine organisierten Wehren gehen beinahe alle auf die zweite Hälfte des 19. Jahrhunderts und damit das Zeitalter der Industrialisierung zurück.

Die Anzahl der Wehren im Neustadter Gebiet ist recht groß, was wohl kaum verwunderlich ist, da die Stadt in ihrer Historie zwei Mal fast komplett niederbrannte. Man findet solche Wehren in Höhn, Birkig, Boderndorf-Kemmaten, Ebersdorf, Fechheim-Aicha, Fürth am Berg/Horb, Haarbrücken, Meilschnitz, Thann, Plesten und Mittelwasungen, Wellmersdorf, Wildenheid und der Kernstadt selbst. Die große Neustadter Wehr ist dabei die bekannteste. Ihr Besuch ist schließlich einer der Höhepunkte im Grundschul- oder Kindergartenalter. So versetzen die roten Einsatzfahrzeuge Jahr für Jahr die Kleinsten ins Staunen, während gleichzeitig wichtiges Wissen zur Brandprävention vermittelt wird.

Ein paar Meter wandern wir noch auf der Lindenallee weiter, bevor wir den Ort über die links liegende Wasunger Straße verlassen. Bei Mittelwasungen, dessen Ortsrand wir schneiden, biegen wir rechts vor dem Solarfeld in den Michaelisweg ein. Kurz vor der bald folgenden Wegscheide wenden wir den Blick nach hinten und erhalten eine tolle Aussicht über den Stadtteil.

◂ *Aufnahme von 1993.*

Blick über Mittelwasungen

Aufnahme von 1991.

Mittel-, Ober- und Unterwasungen: Drei Mal gibt es Wasungen, aber nur zwei der drei ehemaligen Dörfer gehören zu Neustadt. Oberwasungen ist Teil der Gemeinde Sonnefeld und war schon in den letzten hundert Jahren nicht wirklich mit den anderen Dörfern verbunden.

Der Begriff Wasungen deutet indessen auf das Vorhandensein eines Wiesentales hin, was zur Zeit der Erschließung der Gegend eher unüblich gewesen ist. Historisch war die Landschaft fast ausschließlich mit Wald überzogen. Die Feuchtwiese, die hier vor Ortsgründung in der Fechheimer Nachbarschaft vorgefunden wurde, muss so überraschend gewesen sein, dass sie sogleich namensgebend wurde. So war der ursprüngliche Name 1291 Wasungen medium.

Das ehemalige Dorf ist landwirtschaftlich geprägt, wobei die Viehzucht immer eine hervorgehobene Rolle gespielt hat. Kein Wunder, wenn es den Menschen angesichts der vorhan-

denen Wiesen so einfach gemacht wird, Weideland zu finden. 2023 hat sich das Bild vieler Wiesen jedoch geändert. Im Zug der Energiewende wurden Solaranlagen zur klimaneutralen Stromgewinnung errichtet. Diese nehmen nun so manche der Grünflächen in Beschlag.

Die Wanderung geht weiter: Wir folgen den Feldwegen in Richtung Norden nach Fechheim. Durch die Badergasse, an der historischen Kirche vorbei, kommen wir auf die Hauptstraße. Dieser folgen wir auf der Straßenseite gegenüber der Kirche, bis die nördliche Bebauung endet. Auf der südlichen Straßenseite liegt nun, die Böschung hinauf, ein alter Hof: unser nächstes Motiv.

Gruß aus Fechheim

Aufnahme aus den 1900er-Jahren.

Der alte Hof in unserem Blickfeld war einst Vorlage für eine Grußkarte aus Fechheim. Oftmals brachten Karten, gerade bei kleinen Orten, die ersten Fotoaufnahmen mit sich. Obgleich sie aus heutiger Sicht eher Triviales abbilden, so waren Stätten wie ein Pfarrhaus, das Haus des Bürgermeisters oder ein Gasthaus geschichtlich sehr wichtig.

Die Fechheimer Geschichte beginnt im 8. Jahrhundert: Der Ortsursprung liegt in der zweiten christlichen Urgemeinde des Coburger Landes, die hier die Pfarrei der Michaelskirche gegründet hat. Das an einem historischen Ost-West-Handelsweg gelegene frühere Dorf war auch von militärischer Bedeutung. Hier in der reizvollen Landschaft stand im Mittelalter eine sogenannte Motte. Das war kein groß geratener Falter, sondern eine Art kleine Burg, in deren Mitte ein (Wohn-)Turm stand. Um diesen schloss sich schützend ein

runder Palisadenwall. Leider ist von dieser Wehranlage heute nichts mehr erhalten. Sie teilte wohl das Schicksal der Burgruine von Fürth. Da die Handelswege von Süden nach Norden relevanter waren, war diese Burg schon im Dreißigjährigen Krieg gänzlich verarmt und bedeutungslos.

Wir sollten uns einen besseren landschaftlichen Überblick verschaffen! Zurück an der Kirche folgen wir dem gegenüberliegenden Weg den Berg hinauf aus dem Ort hinaus. Am Denkmal zur Flurbereinigung geht es rechts entlang zur nächsten Feldwegscheide. Hier halten wir. Dank der Höhe erkennt man, warum hier wohl die Motte stand. Der Ausblick in die südliche Ferne öffnet sich!

Aussicht auf den Gottesgarten

Aufnahme von 1991.

Das Relief der Berge im Hintergrund erhebt sich markant über das Land. Wir erblicken von hier Sehenswürdigkeiten in 20 Kilometer Entfernung bei der Korbstadt Lichtenfels. Diese Gegend, anders als Neustadt katholisch geprägt, wird Gottesgarten genannt. Klar zu erkennen sind bei gutem Wetter der Staffelberg mit seinen markanten Dolomitfelsen und das Kloster Banz über dem Tal des Mains.

Wesentlich näher, direkt hinter Fechheim, liegt der kleinste Neustadter Ortsteil: Aicha. Das ehemalige Dörflein ist in seinem Aussehen eines der dauerhaftesten Siedlungsgebiete Neustadts. Natürlich wurden die Höfe immer wieder modernisiert, aber die Anzahl der Wohngebäude beträgt seit jeher genau zehn Häuser. Gegen jeden Zeitensturm stehen sie hier

umgeben von Feldern und Streuobstwiesen. Unser Aussichtspunkt schenkt uns also nicht nur einen Blick zu den südlichen Nachbarn, sondern auch auf eindrucksvolle Beständigkeit.

Nach dieser schönen Aussicht geht die Wanderung weiter, wir halten uns dieses Mal links und gehen nun auf den Wald des Fechheimer Berges zu. Am Waldrand angekommen biegen wir links auf den Wanderweg nach Wellmersdorf ab. Auf dieser Route lässt sich zudem eine markante Sonnenuhr bestaunen. Wellmersdorf wird über die Kupferbergstraße betreten, die bis zur Ortsmitte, einer markanten Kreuzung, entlanggewandert wird. Kurz vor der Kreuzung ist zu unserer Rechten schon der nächste Zielort erreicht: ein kleiner Platz mit Feuerwehr.

In Wellmersdorf

Aufnahme von 1990.

Wellmersdorf, benannt nach seinem früheren Herren Wilimar, besteht seit 1307. Die Geschichte des Ortes war in den letzten Jahrhunderten nicht zu aufregend … und doch gibt es so manche spannende Ecke in diesem Stadtteil.

Am offensichtlichsten zu erkennen ist auf dem neuen der beiden Fotos das 1840 erbaute Backhaus Wellmersdorfs. In diesem stellten einst die tüchtigen Bauersfrauen mühsam Brote her, die Ernährungsgrundlage für die hiesigen Familien. Das Häuschen in der Kupferbergstraße ist heute ein geschütztes Baudenkmal. Leider muss der ersten Vermutung zum Straßennamen eine Abfuhr erteilt werden, denn Kupferbergbau hat es hier nie gegeben. Der Name leitet sich vom früheren Besitzer eines nahe gelegenen Flurstückes, einem Herrn Kupfer, ab. Statt Edelmetalle bot das 1978 eingemeindete Wellmersdorf jedoch von 1973 bis 2019 edle

Tropfen dar. Die Brennereigenossenschaft Neustadt e.G. hatte nämlich ihren Sitz im Ort. In ihren Kesseln wurden jährlich bis zu 1.900 Hektoliter Rohbranntwein aus Kartoffeln gewonnen. Dieses mit 90 bis 95 Prozent Alkohol ausgestattete Destillat diente als Grundlage für Spirituosen und andere Produkte. Zudem war es ein wichtiger Kapitalbringer, da der Kartoffelpreis seinerzeit einbrach.

Unser nächster Fotopunkt befindet sich ein Dorf weiter. Wir verlassen Wellmersdorf über die Wellmersdorfer Straße nach Boderndorf. Im Nachbarort wandern wir bis knapp hinter die Dorfmitte, die durch eine kleine Grünanlage mit Spielplatz gut zu erkennen ist. Rechts neben dieser sieht man das Fachwerk unseres Ziels.

Am Fuß des Stiefvaters

Aufnahme von 1995.

Unterhalb des Berges Stiefvater mit seiner Pendlerstraße von und nach Ebersdorf und Sonnefeld liegt der kleine Neustadter Stadtteil Boderndorf. Der Name Boderndorf kommt wohl, so wird vermutet, von der Ortslage auf dem Grund und Boden vor dem Stiefvater, der sich nach Süden hin erhebt. Im späten Mittelalter für seine Ziegelei bekannt, die 1913 abgebrannt ist, wirbt der Ort heute vor allem mit Gastronomie. Der Wirt Hannes Muff, der die Klößereien aufgebaut hat, betreibt am Ortsrand eine Almhütte, die für Firmenausflüge und Ähnliches genutzt werden kann.

Interessant ist zudem das bauliche Erbe Boderndorfs. Das Fachwerkgebäude auf unseren beiden Fotos wurde nicht zufällig als Motiv ausgewählt. Der hier zu sehende Klosenhof wurde bereits 1718 erbaut. Besonders das Schmuckfachwerk der oberen Etagen, das Andreaskreuze

und Rauten zeigt, gilt als kulturell wertvoll, weshalb der pittoreske Hof unter Denkmalschutz steht. Es sind letztlich gepflegte Bauten wie dieser, die heute die Romantik des Landlebens weiterbestehen lassen. Hierfür kann man den Besitzern dankbar sein.

Das Finale unserer Wanderung durch Neustadt steht bevor. Wir wandern zurück zur Ortsmitte von Boderndorf und biegen in die Kemmater Straße ein. Diese leitet uns aus dem Ort hinaus, an der Almhütte vorbei und über die Kreisstraße nach Kemmaten. Dort geht es sogleich links und direkt wieder rechts den Weg den Berg hinauf. Weiter oben sehen wir durch die Hecken und Bäume die Häuser des Ortsteiles sowie das Stadtpanorama dahinter.

Gruß aus Kemmaten

Ansichtskarte aus den 1920er-Jahren.

Von der Anhöhe aus sieht man schnell, warum der Volksmund vom Neustadter Kessel spricht, wenn er die Lage der Stadt beschreibt. Beinahe komplett rundherum eingeschlossen liegt Neustadt in den südlichen Bergen des Thüringisch-Fränkischen Mittelgebirges. Vor uns liegt nun Kemmaten, ein ehemaliges Dörflein, das primär durch die Agrarwirtschaft geprägt ist. Der Name Kemmaten deutet auf den Stammsitz des niederadligen Geschlechtes der Herren von Kemmaten hin, das heute erloschen ist. Die Adligen waren ihrem hiesigen Sitz nicht besonders treu. So nahmen sie auch Lehen in Weißenbrunn vorm Wald (Rödental), Moggenbrunn (Meeder) und Oberlind (Sonneberg) an. Ihre Geschichte endete tragisch in der heutigen Grundschule Wildenheids, die früher das Dorfschloss darstellte. Im alkoholge-

tränkten Jähzorn erstach ebenda Hans Eitel von Kemmaten seinen Sohn und Stammhalter mit einem Brotmesser. Da es nicht seine erste Mordtat war, erhielt er dafür sein Todesurteil. 1600 vollstreckte es der Henker Coburgs auf dem Marktplatz durch die damals übliche Enthauptung. Sie bedeutete das Ende des Geschlechtes, aber natürlich nicht das des tüchtigen Bauerndorfes Kemmaten.

Unsere Wanderung durch Neustadt endet nun entspannt. Beim Blick nach Norden grüßen uns nochmals die Stadtkirche und der Muppberg: „Bis bald, Freunde und Freundinnen Neustadts!“ Froh wollen wir diesen Abschiedsgruß erwidern.

Chronik

Neustadt wurde etwa Ende des 12. Jahrhunderts an der Röden als Zollburg angelegt, die schon früh Händler und Dienstleister anlockte und ein Marktflecken wurde. Bereits 1316 war Neustadt, urkundlich belegt, eine richtige Stadt.

1353 kam Neustadt vom Besitz des Hauses Henneberg in den der Wettiner Markgrafen. Dabei bekam die Stadt ihr Wappen: einen doppelschwänzigen, schwarzen Löwen auf goldenem Grund.

Anfang des 16. Jahrhunderts hielt die Reformation im Coburger Land Einzug. So predigte der Reformator Martin Luther 1530 in der Stadtkirche Sankt Georg. Die Glaubensumwälzung brachte auch eine neue Ethik in die Stadt: Der Mensch ist zur Arbeit geschaffen. Großen Zuwachs brachte diese Schaffensethik jedoch noch nicht mit sich, denn zwei große Stadtbrände, der erste 1636 und der zweite 1839, vernichteten Neustadt jeweils bis auf die Grundmauern. Wie der Phönix aus der Asche erstand der Ort beide Male wieder auf. 1850 konnte so die Marke von 5.000 Einwohnern erreicht werden.

Mit der Reichseinigung 1871 setzten die Industrialisierung und ein enormes Bevölkerungswachstum ein. Neue Exportmärkte in Übersee ließen das traditionelle Spielzeugmacherhandwerk expandieren. Ein besonderes Thema zur exporttüchtigen Kaiserzeit war der Name Neustadts. Er ist nicht selten, Verwechslungen waren oft die Folge. Der ursprüngliche Beiname war „an der Heyde“ und später „an der Haide“, jedoch ist die Heide eher eine norddeutsche Kulturlandschaft als eine süddeutsche. Unsere Stadt brauchte einen passenderen Beinamen. So erfolgte zur besseren Kennzeichnung 1892 die Umbenennung in Neustadt (Herzogthum Coburg). Mit dem Abdanken des Coburger Herzoges und dem Entstehen des Coburger Freistaates, der sich 1920 an Bayern anschloss, kam erneut die Frage des Stadtnamens auf den Tisch. Mit einem demokratischen Volksentscheid erhielt die Stadt 1921 ihren heutigen Namen: Neustadt bei Coburg.

Die Jahre der Weimarer Republik waren nicht gerade eine Blütezeit der Stadt. Die Spielzeugindustrie war im Umbruch und die Absatzmärkte fielen weg. Dennoch oder vielleicht deswegen verfestigte sich die Kultur der Arbeiter im Ort, was den Aufstieg der Nationalsozialisten hier eindämmte. Erst nach der Machtergreifung Hitlers fiel auch das Neustadter Rathaus an die NSDAP – in deutlichem Kontrast zum nahen Coburg, das die erste braune Stadt Deutschlands war. In der Folge entstand eine Außendienststelle des Reichsarbeitsdienstes, und Häftlinge des Konzentrationslagers Buchenwald wurden auf dem Gelände des Neustadter Siemens-Leitungs- und Kabelwerkes eingesetzt. 1944 mussten im KZ-Außenlager etwa 400 jüdische Ungarinnen schwerste Arbeiten leisten. Das Lager wurde 1945 zügig aufgelöst, als amerikanische Truppen sich näherten.

Die Nachkriegszeit war durch einen enormen wirtschaftlichen Aufschwung Neustadts geprägt. Die Zonenrandförderung der BRD sowie Facharbeiter aus Sonneberg, die vor der sozialistischen Unterdrückung geflohen waren, ließen die industrielle Leistung der Stadt

Luftaufnahme des Stadtzentrums um 1950.

sprunghaft steigen. Hierfür stand vor allem das Siemenswerk, arbeitete doch ein Großteil der Neustadter dort. Ganze Wohnviertel entstanden beim Zuzug, den der Arbeitskräftehunger des Unternehmens verursachte. Durch diese Entwicklung kamen auch viele Gastarbeiter aus der Türkei zu uns. Sie und ihre Nachfahren sind heute ein fester Teil unserer Stadtgemeinde.

Mit der Wende wurden die Karten neu gemischt. 1990 stand Neustadt im Rampenlicht der Welt, als an der Gebrannten Brücke BRD-Innenminister Schäuble und DDR-Innenminister Diestel die Abschaffung der innerdeutschen Grenzkontrollen besiegelten. Anfangs konnte man die Euphorie der Wiedervereinigung förmlich greifen, war doch die Beseitigung der Grenzbarriere ein lang gehegter und immer wieder offen formulierter Wunsch der Neustadter gewesen.

Das Städtchen am Ende der westlichen Welt wandelte sich bis zur Jahrtausendwende in einen Ort mitten in Europa, der sein traditionelles Brauchtum pflegt. Ein strahlendes Beispiel hierfür war das Fest des 14. „Tages der Franken“ 2019. Dieser wurde gemeinsam mit Sonneberg, seit 10. Februar 1990 Partnerstadt, länderübergreifend unter dem Motto „Gemeinsam. Fränkisch.Stark.“ gefeiert.

Bildnachweis

Die alten Aufnahmen stammen aus dem Fundus des Stadtarchives Neustadt bei Coburg, Georg-Langbein-Straße 1, 96465 Neustadt bei Coburg.
Die neuen Aufnahmen wurden vom Autor, Andreas Bär, extra für dieses Buch angefertigt.

Literaturnachweis

Bretschneider, Günther (Hrsg.), *Große Kreisstadt Neustadt bei Coburg; Unser Neustadt, Neustadt bei Coburg, eine Kleinstadt im Wandel der letzten Jahrhunderte*, Neustadt bei Coburg 1980.

Bretschneider, Günther (Hrsg.) und Walter Götz, *Freiheit ohne Grenzen*, Neustadt bei Coburg 1990.

Scheuerich, Helmut (Hrsg.), *Stadt Neustadt bei Coburg; Geschichte der Stadt Neustadt bei Coburg im zwanzigsten Jahrhundert*, Erster Band, Neustadt bei Coburg 1989; Zweiter Band, Neustadt bei Coburg 1993.

Einband vorn: Blick von Sankt Georg aus über Markt und Stadt.
Vorsatz: Karte der Innenstadt.
Seite 2: Der Rathausneubau der 1970er-Jahre aus der Luft.
Nachsatz: Karte – Neustadt und seine Ortsteile.
Einband hinten: Der Marktplatz zwischen Tradition und Moderne.

Impressum
Sutton Verlag GmbH
Schweickhardtstraße 1
72072 Tübingen
www.suttonverlag.de

ISBN: 978-3-96303-548-7
Printed in Poland by CGS
Gestaltung und Herstellung: Sutton Verlag
Lektorat: Matthias Kunstmann, Karlsruhe

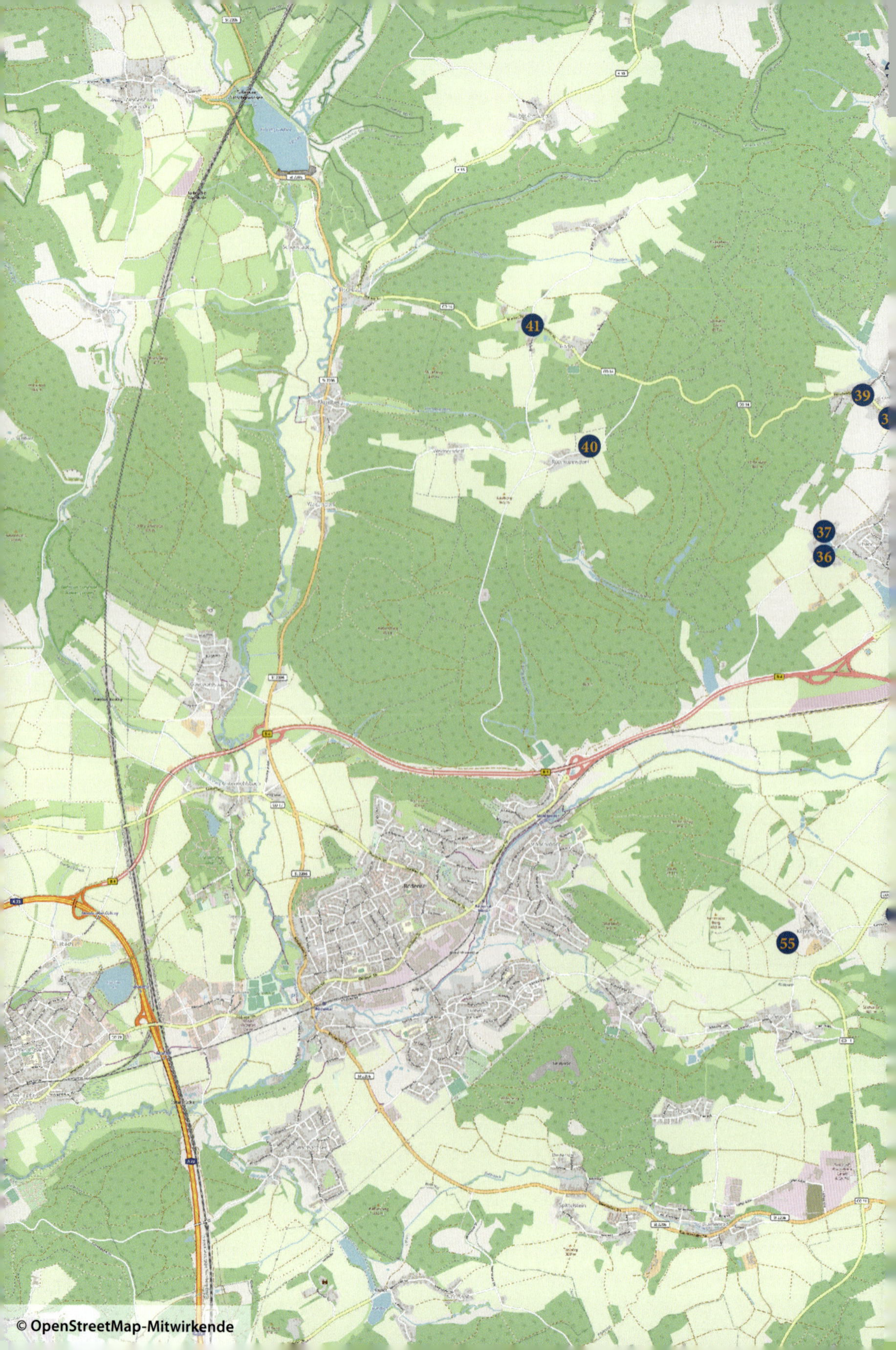
41
40
39
37
36
55